Présence du futur / 295
Toutes vos étoiles en poche

Ptah hotep 2

CHARLES DUITS

Ptah hotep 2

roman

DENOËL

73-75, rue Pascal, 75013 - Paris
ISBN 2-207-50295-3
B 50295-5

III. Prajna

Pendant tout ce voyage, qui dura quatre mois, nous vîmes presque chaque nuit autour de nous des vaisseaux qui cinglaient vers la Ville-Libre ou qui allaient ailleurs, parce que le commerce est florissant sur ces côtes. Toutes les Provinces qui bordent la Mer Orientale entretiennent des relations maritimes les unes avec les autres et il y a un mouvement continuel entre ces Provinces.

Dans ces eaux, pendant que nous nous dirigions vers la Nouvelle-Illyrie, qui est la seule Province qui n'ait pas de flotte et qui ne fasse que très peu de commerce avec les autres, à cause des Némurions qui ont tout saccagé et appauvri, nous vîmes aussi quantité de barques de pêche et un remuement continuel de bateaux grands et petits autour de nous.

Des vaisseaux de guerre patrouillaient aussi dans ces eaux à cause des pirates qui sont nombreux, et c'étaient des vaisseaux longs et minces qui souvent arraisonnaient le nôtre, nous demandaient qui nous étions et où nous allions.

La mer était le plus souvent grise et brune à cause des sables. La navigation était difficile parce que l'eau n'était pas profonde et que nous risquions d'échouer. Vers le large elle était agitée et les vagues étaient coiffées d'écumes et parfois nous entrions dans des eaux dangereuses à cause des récifs.

Les vents soufflaient dans tous les sens et il n'y eut point comme durant mon premier voyage un vent continu, mais on eût dit que les vents sautaient continuellement d'un point à un autre, de sorte que les matelots étaient continuellement dans les cordages en train de raccourcir ou d'allonger les voiles. Il fallait deux hommes au gouvernail qui se succédaient à de brefs intervalles à cause de la fatigue de leurs bras.

Il arrivait aussi que le vent tombât tout à coup. Alors nous demeurions presque immobiles et les voiles pendaient toutes flétries à leurs vergues comme des mamelles de vieille femme et une odeur de pourriture montait de la mer.

Mais ordinairement la mer était agitée et les vagues étaient comme des scies. Elles sautaient comme des bêtes fauves en faisant étinceler leurs griffes, se roulaient comme des serpents et crachaient l'écume comme du venin.

Elles étaient comme des femmes à cause de leur souplesse et il y avait toujours je ne sais quoi de féminin en elles, comme des femmes nues qui s'enlacent et se tordent et qui jouent avec des bijoux et des colliers, mais ces vagues étaient aussi couvertes de lames qui semblaient acérées comme des couteaux et couvertes de plaques sur lesquelles se dessinaient des plis nombreux pareils à ceux que font des tissus très fins.

Elles étincelaient comme des bijoux, luisaient comme des armures et les écumes qui les coiffaient étaient pareilles aux robes des Anges.

Quand nous le pouvions, nous nous rapprochions de la côte où les eaux étaient plates et huileuses et où les bateaux de pêche étaient nombreux. Parfois nous gagnions le large, on ne voyait presque plus la côte et le Posidonien nous montrait sa puissance et sa férocité.

Pendant ce voyage, je visitai de nombreux ports et de nombreuses villes.

Chaque escale était longue, parce que ce vaisseau, outre le fer qu'il transportait vers la Nouvelle-Illyrie et qui était sa cargaison principale, transportait des marchandises d'un port à un autre, et des marchands venaient à bord pour apporter leurs marchandises et les installer dans la cale.

Notre vaisseau déposa du coton et du riz dans le port de Yûd, chargea de la cervoise et du cuir, et ces denrées furent débarquées dans l'un des ports de Ma'arhat où il chargea du gulgulian et des lingots de cuivre. Il en fut ainsi durant tout le voyage.

Il n'y avait point de cabines dans le vaisseau, hors la cabine du capitaine qui était toujours gardée par deux Mercenaires armés, mais sous le pont il y avait une longue salle au plafond bas qui avait la forme du navire et qui était divisée en compartiments par des cloisons d'osier.

Il y avait des hamacs pendus par des crochets au plafond et ces hamacs étaient superposés, de sorte qu'on était serré les uns sur les autres et quand il fallait fermer les écoutilles l'air y était étouffant et puait.

Il y avait sur ce vaisseau, outre ceux qui gardaient la cabine du capitaine, huit autres Mercenaires à cause des pirates qui étaient nombreux. La paie de ces Mercenaires était très élevée, mais elle était entre les mains des Episcopes de la Ville-Libre. Ils ne pouvaient la toucher qu'au retour, et c'était ainsi que le capitaine s'assurait de leur fidélité.

Pendant ce voyage je vis la grande forteresse de Yûd qui est dite Citadelle des Elohim et qui a été construite sur un rocher à l'entrée du port à l'époque des Jagonthides, de même que le Fort Vespasien de Hagaptah.

Les Elohim sont les Dieux du Pays de Yûd. Ce sont des taureaux qui ont des ailes d'aigle, des visages d'homme, de grandes barbes bouclées et des chapeaux pareils à des tours.

La Citadelle des Elohim ressemble au Fort Vespasien, elle est couverte de tours rondes et crénelées et sur ces tours il y a des toits de tuiles rousses et cette forteresse est comme un lion accroupi sur son rocher.

Ma vieille curiosité me reprit, à l'égard des Temples et des choses mystérieuses et lorsque je fus à Yûd, comme notre vaisseau restait sept nuits dans le port, je louai un chameau et un guide et je fus à Solyme pour visiter le Temple de Solyme qui est célèbre dans tout l'Empire et qui a été construit par le Caliphe Soliman III.

Ce Temple est consacré à l'Ourane et l'Ourane seul y est adoré et l'on n'y voit aucun Dieu ni aucun Ange.

Dans le milieu du Temple il y a une chambre tout en or qui est vide et qui ne contient aucun ornement ni aucun meuble. Cette chambre n'a point de porte et nul n'y pénètre, parce que la Majesté de l'Ourane séjourne dans cette chambre. Les prêtres de l'Ourane ne se taillent jamais la barbe et ce sont des hommes sévères.

Là je vis aussi des Cruciens, parce que Solyme est aussi un lieu sacré pour les Cruciens et je visitai le Temple d'Is qui est le nom que donnent les Cruciens au Roi des Dieux que les Mûsûls adorent sous le nom de Ma'ahmûd. Ensuite je revins au port et notre vaisseau appareilla.

Le Dioclétide Amon ne visita point avec moi les Lieux Saints parce qu'il n'était pas curieux de ces choses, mais il passa ses nuits avec des filles de Houênon. Je remarquai que celles dont il s'éprenait avaient toujours quelque ressemblance avec Aset et que les seules femmes qui l'attiraient étaient celles qui possédaient cette ressemblance.

Nous franchîmes le détroit qui est entre Yûd et Hag et je vis sur l'horizon la Terre de Hag comme une ligne tremblante et nous entrâmes dans la Mer Orientale.

Nous arrivâmes à Ma'arhat qui est un pays vaste et désolé, et qui est une plaine rocheuse et stérile où l'on peut voyager des nuits et des jours sans avoir l'impression de bouger, parce que tous les villages se ressemblent qui sont faits de maisons de boue assemblées autour d'un point d'eau. Il n'y a rien autour que de la rocaille et des arbustes épineux.

Le climat est abominable parce que le ciel est presque toujours couvert de nuages, de sorte qu'on ne voit point le bouclier vivant de l'Athénade et le bouclier de Thana pareil à un disque d'albâtre, mais les nuages sont pleins de feux livides pareils à des veines et l'on voit errer dans le ciel comme des taches noires.

Durant le jour la chaleur de Râ traverse ce matelas de nuages et la nuit il n'y a point de fraîcheur parce que les nuages font un couvercle qui empêche la chaleur de remonter vers le ciel.

Lorsque nous arrivâmes à Norl je visitai le Temple du Trône Iridescent, et ce Temple est comme celui de Solyme célèbre dans tout l'Empire à cause de son mystère.

Une montagne domine le port de Norl, et cette montagne est arrondie et couverte de mousse, elle est toute bleue à cause de la mousse qui la revêt et elle a la forme d'un sein. Cette montagne est pleine de cavernes naturelles reliées les unes aux autres par des couloirs dont les uns sont naturels et dont les autres ont été faits par les hommes. Ces couloirs sont pleins de pèlerins venus de toutes les Provinces Extérieures et même de plus loin, car il y en a qui viennent des Royaumes Etrangers pour visiter le Temple et contempler le Trône Iridescent.

A l'entrée du Temple on achète une petite lampe en terre cuite qui coûte un tar, et chaque pèlerin a sa lampe, parce que les couloirs ne sont pas éclairés et seules les cavernes le sont.

Toutes les parois sont décorées et sculptées et même les voûtes sont couvertes de décorations et de sculptures et dans tout ce Temple il n'y a pas un pouce de roche nue. Ces sculptures et ces décorations sont très curieuses à cause de leur irrégularité, parce que ces cavernes, ainsi que je te l'ai dit, mon Seigneur, mon divin Frère, sont naturelles, et beaucoup de couloirs le sont aussi, de sorte que les parois sont pleines de saillies et de creux et l'on a presque partout laissé à ces parois leur forme naturelle, mais on a très habilement profité des creux et des saillies pour les sculptures. Ici d'une saillie on a fait un visage et de la saillie voisine un bras plié ou une jambe et l'on a évidé les creux et ainsi façonné des personnages dans diverses attitudes. Ou bien ces sculptures représentent des scènes de guerre et d'un rocher on a fait un éléphant et d'un autre un chariot et les murs sont couverts de visages et certains sont beaux et certains sont grotesques.

La pierre est noire et luisante et les lampes que tiennent les pèlerins jettent sur ces surfaces des lumières de sorte que tout paraît bizarrement animé. Il y a dans ce Temple une rumeur perpétuelle de pas et de voix et l'effet est étrange et angoissant, parce qu'on croit être regardé par des millions d'yeux et partout l'on distingue des membres enlacés et difformes et c'est comme si l'on rêvait tout éveillé.

Dans les cavernes il y a des lampadaires pareils à des roues suspendues à des chaînes de fer à la voûte et il y a toujours cette foule de pèlerins qui va et vient et certains sont accroupis dans un coin et ils ont apporté des provisions et ils mangent.

Dans le Temple vivent des saints presque nus qui sont comme des cadavres et la chair pend à leurs os, leurs cheveux se tordent sur leurs épaules et leurs yeux sont terribles. Ils ne bougent point et ne parlent point, mais ils demeurent assis dans le Temple et les pèlerins leur font des offrandes.

Au milieu du Temple il y a un grand trou dont on ne voit point le fond, car de ce trou montent des vapeurs lumineuses et il y a une haute balustrade autour de ce trou et des gardiens pour empêcher les gens de s'y jeter. Dans l'espace flotte le Trône Iridescent. C'est une grande merveille à voir parce que ce Trône flotte dans l'espace et qu'il n'y a aucune corde ou chaîne pour le soutenir, mais il flotte au-dessus des vapeurs lumineuses et jette des feux dont les couleurs sont celles de l'arc-en-ciel. Il est dit qu'un homme s'assoira dans ce Trône et qu'il sera le Roi des Nations et que son règne précédera la fin de l'Année divine et qu'ensuite l'Ourane donnera la Terre en pâture à la Chimère et au Dragon.

De temps en temps un homme bondit dans le précipice, parce qu'il croit que les Anges le porteront jusqu'au Trône. Il tombe dans le gouffre, les vapeurs lumineuses le recouvrent et l'on ne sait ce qu'il devient. C'est pour empêcher les gens de se jeter dans ce gouffre qu'il y a une balustrade et des gardes qui surveillent les pèlerins.

Chaque semaine, le Satrape de Norl vient dans le Temple adorer le Trône Iridescent, invoquer l'Ourane et les Elohim.

Ce spectacle me parut si merveilleux que j'allai trouver le Dioclétide Amon pour le conjurer de venir avec moi voir ce spectacle, mais il refusa. Je fus indigné et scandalisé par son indifférence.

Mon Seigneur, mon divin Frère, je fus ému en

posant le pied sur le sol de l'Ombliane parce que cette Terre me parut belle et parce que la Phrodite y était vénérée. Où la Phrodite est vénérée, là sont aussi l'abondance, la sérénité et la grâce. Je me souvins de l'Abbé du Vide, et je me rappelai qu'il m'avait ordonné de me rendre au Temple de la Volupté Universelle et de me prosterner devant l'Abbesse.

Or le vaisseau ne demeurait que quelques nuits dans le port. Je fus peiné de l'apprendre, parce que nous avions passé des nuits et des jours dans les autres ports et que dans celui de l'Ombliane nous restions peu de temps. Aussi je me hâtai de descendre et d'aller vers le Temple de la Volupté Universelle.

Ce Temple était sur une colline et il était entouré de jardins où croissaient des arbres très vieux. Les branches de ces arbres se recourbaient vers le sol et prenaient racine, de sorte que le tronc principal était entouré de troncs secondaires plus minces qui soutenaient la frondaison et que chacun de ces arbres était comme une grotte. A l'intérieur de cette grotte il y avait des statues et des plaques votives et c'étaient là que vivaient les ermites.

Autour de ces arbres il y avait des pelouses d'herbe noire où poussaient des fleurs à l'abandon. Il y avait des gens assis dans l'herbe qui devisaient ou faisaient de la musique et dans ces jardins il y avait des antilopes et des cerfs que nul ne chassait et il y avait des fontaines de cristal dont l'eau était pure.

Je montai vers le Temple qui était très grand et qui était une tour ornée de sculptures en porcelaine du faîte à la base. Chaque étage de cette tour était séparé des autres par une corniche, et toutes les sculptures représentaient les jeux de Houênon et du Dieu de Grâce. Comme la porcelaine était vernie, les couleurs en étaient d'une vivacité et d'une fraîcheur merveilleuses.

La tour était si haute qu'on était frappé de stupeur en levant la tête et c'était comme une falaise et l'on avait l'impression qu'elle allait s'effondrer sur vous parce que ses parois en s'élevant paraissaient avancer comme si le faîte eût été plus large que la base. Mais cela n'était qu'une impression et elle était due au fait que les corniches du haut étaient plus larges que celles du bas.

Sur chacune de ces corniches il y avait des femmes et des hommes qui avaient la taille des êtres vivants et les hommes étaient tous dans la force de Min et tels que sont les hommes lorsque la beauté d'une femme les émeut.

Mais ni les hommes ni les femmes n'avaient les expressions que donne le désir et cette physionomie stupide et courroucée qui est souvent l'expression du désir. Ils étaient tous souriants et leurs yeux étaient pleins de tendresse et leurs mains faisaient des gestes doux.

Ils avaient le visage et le corps noir, des lèvres de vermillon et le contour des yeux était de vermillon. Les uns étaient nus et les autres vêtus de robes fines qui moulaient leurs formes et l'on voyait Min saillir à travers les plis du tissu.

Les femmes étaient parées, elles portaient des ceintures ornées de fleurs qui laissaient le ventre nu et le sein nu et la pointe du sein était de vermillon. Leurs cheveux étaient bruns ou bleus.

Il y avait des couples qui s'embrassaient et la femme caressait Min ou passait sa jambe entre celles de l'homme. Beaucoup de personnages portaient des diadèmes de fleurs ou des couronnes pareilles à des tours garnies de bijoux. Il y avait partout des draperies et des robes légères qui étaient pleines de couleurs variées.

Il y avait des hommes et des femmes qui échangeaient le lys et la rose et parmi ces couples il y en avait qui étaient debout, d'autres qui étaient assis, d'autres qui étaient allongés. Tantôt la femme était sur le dos et tantôt elle était sur le ventre.

Les femmes étaient belles et lascives comme des Hours et elles étaient pareilles à des Anges, avec des yeux allongés et des lèvres sinueuses. Elles avaient des fleurs ou des pendentifs à leurs oreilles et leurs bras étaient chargés d'anneaux diaprés et elles avaient des anneaux à leurs chevilles. Les hommes étaient tels que Carichêna qui est le Dieu de Grâce.

Il y avait aussi des femmes qui s'enlaçaient et chacune mettait sa langue entre les cuisses de l'autre, des adolescents qui embrassaient chacun le Min de l'autre, des personnages qui se caressaient eux-mêmes en regardant les autres, et ils avaient tous les mains gracieusement formées et des doigts effilés avec des ongles de vermillon.

Il y avait mille scènes et parfois très étranges dans lesquelles étaient représentées toutes les attitudes possibles et toutes les combinaisons. Cependant tous avaient le même sourire plein de sérénité et le regard plein de tendresse.

Il y avait aussi des pavillons au toit porté sur des colonnettes et certaines scènes se passaient dans ces pavillons où il y avait aussi des instruments de musique, des tapis et des coussins, des fruits et des flacons de vin. Aux colonnettes s'entortillaient des rosiers et des vignes. Il y avait des oiseaux dans les branches et de ces branches pendaient des grappes de raisin.

Autour de la porte principale du Temple il y avait des statues trois fois grandes comme un homme qui représentaient les suivantes de la Phrodite. Elles avaient de belles hanches rondes et leurs seins étaient ronds. Elles levaient les bras dans des gestes de danseuses et tenaient dans leurs belles mains aux doigts effilés des guirlandes de fleurs et de fruits.

Au-dessus de la porte était Houênon agenouillée et son torse était penché en avant et quand on levait la tête elle avait l'air de se pencher sur vous et de vous regarder.

Je pénétrai dans le Temple et il était à l'intérieur comme il était à l'extérieur, sauf que les statues n'étaient pas en porcelaine, mais il y en avait qui étaient en cristal et elles étaient disposées de sorte que la lumière des deux Lunes les baignât et les traversât. Dans les parties sombres de l'édifice les statues étaient en argent et en or. Toutes ces statues étaient grandes et majestueuses, mais elles étaient pleines de grâce.

Il y avait des cérémonies dans le Temple et devant l'autel principal se tenaient des prêtresses dont les voiles étaient tantôt roses et tantôt couleur de safran et lisérés d'or. L'une de ces prêtresses me vit et parut surprise, elle vint à moi et me dit que les hommes n'étaient pas admis dans le Temple, sauf durant certaines fêtes.

Je lui expliquai que j'avais été envoyé par l'Abbé du Temple de Jautaham qui est dans la Ville-Libre et qu'on appelle l'Abbé du Vide afin de recevoir la bénédiction de l'Abbesse.

La prêtresse me dit de sortir du Temple, parce que les hommes n'y étaient point admis, elle me conduisit à une porte qui était sur le côté de la Tour et me fit entrer dans une salle où étaient plusieurs autres personnes qui avaient affaire avec les autorités du Temple.

Je dis à la prêtresse que mon vaisseau ne demeurait pas longtemps dans le port de l'Ombliane et que je la suppliais de faire le nécessaire pour que l'Abbesse pût me recevoir. La prêtresse sourit et me dit que le temps est une illusion et que l'Abbesse me verrait quand elle me verrait.

Elle appela une autre prêtresse, qui avait comme elle la peau noire et les yeux bleus. Elle portait des voiles lisérés d'or de la même couleur que ses yeux et cette prêtresse vint auprès de moi et l'autre me quitta.

Les dents de cette prêtresse au voile azuré étaient pareilles à des pétales de nénuphar et sa voix était comme celle de la brise dans les peupliers. Sa peau n'était point comme celle des peuples bleus ou pourpres, qui ne sont point noirs, mais qui sont tels que des prunes ou des aubergines, ou parfois tels que le bronze, mais sa peau était véritablement comme de l'ébène, et ses cheveux étaient comme de l'ébène.

Elle me demanda qui j'étais et me posa toutes les questions qu'on pose en ces circonstances, mais parfois elle s'interrompait et elle riait. Je lui dis : « Révérende Sœur, pourquoi ris-tu ? » Elle rit lorsque je lui posai cette question, et me dit : « Et toi, mon Seigneur, pourquoi ne ris-tu point ? »

Comme je ne savais que répondre, elle se prit de nouveau à rire et dit : « Mon Seigneur, as-tu jamais compris pourquoi l'on rit et pourquoi l'on ne rit point ? Moi, je ne l'ai jamais compris. Je n'ai aucune raison de rire, et cependant j'ai envie de rire, mais tu dois comprendre que je ne me moque pas de toi, et que ce n'est pas de toi que je ris. »

Je la regardai, et elle se mit à rire de nouveau. Plus ma perplexité augmentait, plus elle riait, tout en me posant des questions et en inscrivant mes réponses sur une tablette de cire au moyen d'un style.

Quand elle eut fini, elle appela une autre prêtresse, laquelle portait un voile jaune, et me dit d'attendre. Cette prêtresse au voile jaune s'assit auprès de moi et me montra les gens qui attendaient, qui étaient pour la plupart des fiancés venus pour recevoir la bénédiction de Houênon. Elle me demanda si j'aimais Houênon et si je l'adorais.

Aux murs il y avait des tableaux qui représentaient Houênon et Carichêna qui est le Dieu de Grâce et les amours de Carichêna. Cette prêtresse au voile jaune me les expliqua. Enfin la prêtresse au voile azuré revint et me dit que l'Abbesse me recevrait, mais qu'elle ne pouvait me recevoir avant sept nuits. Elle me dit que je devais revenir au Temple dans sept nuits entre le lever de Thana et le lever de l'Athénade et que l'Abbesse me recevrait alors.

Je fus très déçu et consterné par ce que disait la prêtresse au voile azuré, la rieuse. Je lui dis : « Révérende Sœur, mon vaisseau ne demeure que quatre nuits dans le port de l'Ombliane et si l'Abbesse ne peut me recevoir que dans sept nuits je ne serai plus là. »

La prêtresse au voile azuré dit : « Mon Seigneur, j'ai dit à la Grande Huissière que tu ne demeurais dans l'Ombliane que quatre nuits, et je lui ai expliqué que tu venais de la part de l'Abbé du Temple de Jautaham le Sage dans la Ville-Libre, mais elle n'a point voulu t'accorder une faveur et un privilège. »

La prêtresse au voile jaune dit : « Sita, ma chérie, va donc de nouveau et parle de nouveau à la Grande Huissière et demande-lui de parler directement à la Mère, afin que le Seigneur Ptah Hotep soit reçu et qu'il puisse voir la Face Radieuse avant de partir sur son vaisseau. »

Sita, la rieuse, dit : « Va donc, toi, puisque tu as la langue si agile, et convaincs la Grande Huissière si tu le peux, parce que je me suis prosternée devant elle et je lui ai expliqué que le Seigneur Ptah Hotep ne demeure dans l'Ombliane que quatre nuits, mais elle ne m'a point écoutée. »

La prêtresse au voile jaune se leva et elle alla parler pour moi à la Grande Huissière. Je demeurai avec Sita, la prêtresse rieuse au voile azuré, qui était petite et qui semblait avoir quatorze ou quinze ans, parce que l'enfance était encore sur sa joue et que son sein était à peine formé.

Je regardais Sita qui était jolie et je pensais : « Ah, si Nezamh était avec moi, comme je serais heureux ! Je ne quitterais point l'Ombliane qui est un beau pays, mais je demeurerais ici sous l'aile de Houênon avec Nezamh. »

Sita qui ne remarquait point ma tristesse me posait des questions et mes réponses semblaient grandement l'amuser. Elle était telle que la Mer de Yûd aux flots joyeux. Mais la prêtresse au voile jaune revint et nous dit qu'elle avait embrassé les genoux de la Grande Huissière et que celle-ci avait été solliciter l'Abbesse en personne, mais que l'Abbesse avait refusé de me recevoir et de me faire passer avant les autres, disant que si j'étais venu tout exprès dans l'Ombliane pour recevoir sa bénédiction, je pouvais bien attendre sept nuits pour l'obtenir.

Je pensai à la parole de Nezamh que l'Abbé du Vide avait répétée : « Tu crois donc que le Grand Joyau ne brille que pour toi seul ? » Je fus très malheureux, mais je compris que je n'avais aucun droit de passer avant les autres. Je pris congé de Sita la rieuse au voile azuré et de la prêtresse au voile jaune, qui me dirent de me présenter au Temple dans sept nuits entre le lever de Thana et le lever de l'Athénade.

Je partageais une chambre avec le Dioclétide Amon près du port et lorsque je lui appris que l'Abbesse ne voulait pas me recevoir, il haussa les épaules et dit : « Eh bien, soit ! Tu te passeras de sa bénédiction. »

Je lui remontrai que les vaisseaux étaient nombreux dans le port de l'Ombliane qui faisaient la navette entre ce port et celui de Thûg-Norqâa qui était notre destination, mais le Dioclétide Amon fut très irrité par mes propos et me dit : « Vois donc ce que tu veux faire, parce que si tu veux aller à Rûm embrasser les genoux du Nouvel-Empereur, alors tu es un homme vrai et tu es mon ami, parce que tel est le but de notre voyage. Mais si tu veux voir des Abbés et des Abbesses et te prosterner devant des statues, enlève donc tes glaives et revêts une robe de moine, parce que tu es un songe-creux et moi je ne suis point ton ami. Eh ! quoi, Ptah Hotep, tu as été dépouillé et spolié par le Régent, et chassé de ta patrie, et tu as été enfermé dans le Fort Vespasien et ton père est mort empoisonné et il n'y a pour toi qu'un espoir de rentrer en possession de tes biens et de ta grandeur, et c'est de convaincre le Nouvel-Empereur de porter la guerre dans ces régions. Tu as vu comme la majesté de Rûm est humiliée dans la Ville-Libre et comme les Némurions ont empli le Grand Temple de leurs excréments et tu as vu comme Sa Merveille a été assassinée, lui dont ton père Ptah Lucinius le Victorieux et le Chéri du Ciel était le Grand Menin, et tout ce que tu sais faire c'est de pleurer sur tes infortunes amoureuses et aller gémir dans les Temples aux pieds d'un vieux radoteur. Et, Ptah Hotep, tu as vendu le glaive de ton père à cause de cet Abbé du Vide que tu aimes tant et je ne te l'ai point dit, mais quand tu as fait cela, tu t'es déshonoré à mes yeux et tu as fait cela pour une Robe de cuir et une suceuse de sang et je ne t'ai pardonné que parce que tu étais comme de la cire entre les doigts de l'Abbé. Mais maintenant je suis las de tes façons et si tu choisis de demeurer ici pour voir je ne sais quelle vieille femme, je ne suis plus ton ami et c'est ici que notre amitié prend fin. »

Je fus atterré par ces paroles du Dioclétide Amon et je le regardai, pensant : « Cet homme qui est devant moi est mon plus ancien condisciple et nous avons passé six années ensemble dans la Grande Ecole et je ne peux pas rompre avec lui. » Mais je le regardai une seconde fois et je pensai : « Qu'y a-t-il entre cet homme et moi ? Je ne le connais point. Il est comme un jeune taureau dont les cornes se sont allongées et dans le carnage il est vaillant et rusé, mais il n'y a point en lui autre chose que cette vaillance et cette ruse, et quand nous avons achevé de nous rappeler l'un à l'autre nos souvenirs communs, nous restons muets et nous n'avons rien à nous dire. »

Le Dioclétide Amon s'approcha de moi et me mit la main sur l'épaule. Il était plein de rage et me secouait, disant : « Ptah Hotep ! Ne reste point là dans ton songe, mais pense ce que tu dois penser et fais ce que tu dois faire. Tu es comme une vache qui remâche son herbe et comme un imbécile au coin d'une rue qui demeure les bras pendants et qui ne connaît pas le nom de son père, mais il regarde toute chose avec des yeux comme des tonneaux. »

Je pris la main du Dioclétide Amon, l'arrachai de mon épaule et me levai. Je lui dis : « Je ne tolérerai pas que tu m'insultes et que tu m'outrages et je ne tolérerai pas que tu insultes et que tu outrages un homme que je vénère et qui a été pour moi comme une lumière. Voici que tu t'ériges en juge et que tu me découvres tes pensées et je vois qu'à tes yeux je me suis déshonoré parce que j'ai vendu le glaive de mon père, comme si un morceau de métal avec des pierres dessus était une chose si sacrée. Tu me dis que tu me pardonnes, mais moi je te dis que tu ne peux pas plus me pardonner que me condamner, parce que tu n'es pas mon juge. »

Les joues du Dioclétide Amon enflaient et s'empourpraient et la rage bondissait dans ses yeux comme une lance enflammée. Il éleva la voix et dit : « Et qu'as-tu fait durant le deuil de ton père et pendant que le Régent mettait la main sur le Pays de Hag hormis te frotter à une femme et soupirer sur son sein ? »

Je me dressai sur mes pieds et je sentis les mains du Dieu de violence qui se fermaient sur mes paupières. Je dis : « Que dis-tu là ? » Ma voix était comme celle d'un mort.

Et lui, dit : « Et parce que tu as le Min long et parce que tu plais aux Robes de cuir, tu crois que tu es un homme, et tu es tout glorieux parce que les femmes t'aiment et qu'il n'en est point une qui ne te fasse des yeux doux. Et tu es tel que le coq dans son poulailler, et pourtant il y a une prostituée commune qui t'a entortillé et humilié et qui t'a foulé sous ses sandales et qui a sucé ton sang et s'est ri de toi. Et dès que tu avais le dos tourné, elle se riait de toi avec ses compagnes et elle portait tout l'or que tu lui donnais à son amant. »

Les mains du Dieu de violence se fermaient sur mes paupières et je ne voyais plus devant moi le Dioclétide Amon mais un Démon qui s'agitait dans une flamme rouge. Je me secouai et je mis mes mains derrière mon dos et je les serrai pour vaincre ma rage et je dis : « Tu mens, et quand tu dis que Nezamh se riait de moi et qu'elle donnait mon or à son amant, tu dis cela uniquement pour me blesser et m'humilier. »

Le Dioclétide Amon prit une chaise qui était là et la jeta à terre avec tant de force qu'elle se brisa. Il avait honte de son mensonge et cherchait des paroles monstrueuses pour me blesser. Il rapprocha son visage du mien et cria dans mon visage. Sa salive jaillit de sa bouche et m'aspergea. Il cria que j'étais un porc de Houênon et que si Aset était venue avec moi, c'était à cause de mon or et de ma grandeur, parce que j'étais le fils du Gouverneur Héréditaire de Ham alors que lui, il n'était que le parent du Prince de Thèbes et qu'il ne possédait point des biens comparables aux miens.

Je lui dis : « Ne souille pas et ne saccage pas le souvenir que je garde d'Aset. Tu sais bien qu'elle n'était point une femme telle que tu l'as peinte et toi-même, rappelle-toi que la nuit de sa mort je t'ai demandé pardon parce que je sentais que tu l'aimais. »

Et lui, il éleva la voix, me traita de porc de Houênon, de chien et de mangeur d'excréments et soudain il se précipita sur moi parce que le Dieu de violence l'aveuglait. Mais il criait très fort, et sans doute moi aussi je criais et le bruit que nous faisions avait été entendu et comme le Dioclétide se précipitait vers moi des Gardes qui avaient été alertés par l'aubergiste entrèrent dans la chambre. Ils nous empoignèrent et nous empêchèrent d'en venir aux mains. Je fus heureux de cela parce que je n'avais pas été aveuglé par le Dieu de violence bien que ma fureur fût extrême, et je ne voulais pas me battre avec le Dioclétide Amon.

Les Gardes nous mirent des bracelets de fer, nous conduisirent à la Maison Forte de la Police du Port et nous présentèrent au sacerdote, disant que nous étions des étrangers, que nous nous étions querellés dans l'auberge et que nous en venions aux mains lorsqu'ils étaient entrés dans la chambre.

Le sacerdote portait une cuirasse d'écailles de fer, il avait une physionomie autoritaire et noblement modelée, semblable à celle du César Xûl, des yeux larges et froids, et l'on sentait qu'il connaissait les hommes et ne les aimait point.

Il nous fit enfermer chacun dans une cellule différente, fit apporter les documents que nous avions et dans lesquels il était marqué que nous venions de la Ville-Libre et que nous nous rendions à Thûg-Norqâa, examina ces documents et nous laissa dans nos cellules deux heures, bien que le Dioclétide Amon fît un grand tapage, criant qu'il était un Seigneur et un patricien originaire et qu'on ne pouvait le traiter de cette façon.

Il menaça le sacerdote et dit qu'il le ferait punir et dégrader parce qu'il avait osé le placer dans une cellule comme un voleur commun. Je l'entendis fort bien qui criait et menaçait parce que la Maison Forte était petite. Il n'y avait là que quatre cellules qui communiquaient par un couloir avec la chambre où se tenait le sacerdote.

Je m'étendis sur la couche de roseaux qui était dans ma cellule et je pensai que cette affaire était mauvaise parce que nous étions des étrangers. Au surplus le Tyran de l'Ombliane avait ouvertement et depuis longtemps dénoncé la suzeraineté de Rûm et il avait été le premier des Souverains des Provinces Extérieures à s'allier aux Némurions.

Si le sacerdote découvrait que nous étions des ennemis du Régent, il pourrait fort bien nous placer sur un vaisseau allant à Hag et nous faire remettre enchaînés aux satellites du Régent. Je frémis en songeant au Fort Vespasien et en me disant qu'on allait peut-être m'y incarcérer de nouveau, et tout cela à cause d'une altercation stupide.

Le sacerdote omblian vit que j'étais calme et refroidi et me fit prendre par les Gardes et mener devant lui et il me fit asseoir. Il avait les coudes sur la table et les doigts joints. Il m'observa un moment et il me sembla que c'était un homme juste, en dépit de sa mine sévère.

Il avait des rides profondes autour de la bouche, des lèvres minces et une expression morne et autoritaire, mais il me sembla qu'il était prêt à écouter ce que je pouvais lui dire pour me défendre.

Il me dit que selon les documents qu'ils avaient lus je me nommais Ptah Hotep, que j'étais un Lucinide de Hag et un patricien originaire. Il me demanda si cela était vrai et je lui dis que cela était vrai.

Il me dit : « Respectable voyageur, la gravité de ton affaire dépend grandement de ce que tu vas me dire, parce que tu t'es querellé avec ton compagnon et sans doute pour un motif futile et cette querelle n'est pas autre chose qu'une altercation comme il s'en élève entre des jeunes gens. Mais, Respectable voyageur, il a été entendu durant votre querelle par tous les hôtes de l'auberge des blasphèmes monstrueux et des paroles comme il n'est point permis d'en prononcer dans ce pays, car ici nous vénérons la Phrodite et nous la regardons comme la Mère et la Reine des Dieux, et certaines paroles qui ne sont ailleurs que des manières de s'exprimer qui ne tirent point à conséquence, ici nous ne les tolérons pas. Or des blasphèmes monstrueux ont été proférés et criés et hurlés par l'un de vous, et je ne sais lequel des deux est coupable et c'est selon ton témoignage et celui de ton compagnon que j'en vais décider. Mais, Respectable voyageur, il m'est nécessaire d'ajouter ceci : il n'est pas sûr que je puisse discerner d'après vos propos lequel des deux est coupable de ces blasphèmes, car je sais que les hommes sont très rusés lorsqu'il s'agit de rejeter le blâme sur l'autre et ondoyants et habiles à mentir, et je ne possède pas des yeux capables de sonder l'âme. Et voici ! Si vous n'arrivez pas à me satisfaire, je serai forcé de vous envoyer à la Grande Maison de ce Quartier et de vous déférer à l'Episcope de la Maison Majeure et dans ce cas, Respectable voyageur, votre affaire grossira et se développera et elle aura des conséquences lourdes et pénibles. Respectable voyageur, il en est ainsi parce que je vois que vous venez de Hag, bien que vous prétendiez ne venir que de la Ville-Libre. Vous n'ignorez pas qu'il y a des troubles dans ce pays et vous devez savoir que notre Souverain est l'allié de l'Emir, et que l'Emir recherche activement les responsables de ces troubles, qui ont causé la mort de l'Emir précédent et semé la dissidence et l'épouvante dans votre patrie. Or si je vous remets entre les mains de l'Episcope de la Maison Majeure vous serez incarcérés jusqu'à ce que votre cas soit éclairci, ce qui peut demander des mois et, si nous jugeons que vous êtes des fauteurs de troubles nous vous remettrons entre les mains de l'Ambassadeur de Hag dans l'Ombliane qui fera de vous ce qu'il jugera bon. Ainsi, Respectable voyageur, beaucoup dépend de ton témoignage. »

Ce discours me glaça dans l'os. Je dis au sacerdote que je désirais séjourner dans l'Ombliane sept nuits et encore afin de recevoir la bénédiction de l'Abbesse du Temple de la Volupté Universelle, mais je n'osai ajouter que je n'avais pas proféré les injures et les outrages à l'égard de Houênon aux belles cuisses, de crainte de charger le Dioclétide Amon.

Le sacerdote dit : « Je ferai envoyer vers le Temple pour vérifier ton récit, et je souhaite pour toi que tu ne mentes pas, parce que nous vénérons la Phrodite et que nous adorons en elle la Reine et la Mère des Dieux et, Respectable voyageur, un pèlerin qui sollicite une audience de la Face Radieuse, il est difficile de croire qu'il puisse se prendre de querelle comme un vulgaire charretier avec son compagnon et prononcer les paroles monstrueuses qui ont été entendues par l'aubergiste et tous les hôtes de sa maison. »

Je ne répondis point et je baissai la tête, car ces injures avaient été proférées par le Dioclétide, mais j'aurais eu honte de l'accabler. Je pensai : « Voici ! Moi qui adore la Phrodite, je suis sous la menace à cause d'un autre qui l'a outragée et je ne puis élever la voix pour me défendre, parce que ce serait une lâcheté. »

Je fus ramené à ma cellule et le Dioclétide Amon fut conduit devant le sacerdote qui lui dit comme il m'avait dit que nous étions soupçonnés d'être des rebelles et des ennemis de l'Emir. Le Dioclétide éleva la voix et cria si fort que de ma cellule je l'entendis clairement. Il déclara que le Régent, qui était l'homme que le sacerdote appelait l'Emir, était un usurpateur et un assassin et que lui, le Dioclétide Amon, il était le parent du Grand Prince de Thèbes qui avait été assassiné, qu'il était un patricien originaire et qu'en le retenant ainsi le sacerdote outrageait la majesté de Rûm.

Le sacerdote à son tour éleva la voix et dit au Dioclétide Amon qu'il allait le déférer à l'Episcope de la Maison Majeure puisque Sa Seigneurie le parent du Grand Prince de Thèbes tenait tellement à grossir et à envenimer son affaire. Il lui dit que moi je lui avais parlé sur un autre ton, qu'il le priait maintenant de baisser la voix, de reconnaître le lieu où il se trouvait et de lui expliquer la nature des relations qu'il avait avec moi.

Le Dioclétide Amon dans sa fureur me traita de porc de Houênon et de chéri des prostituées. Il dit que mon unique souci était de frotter mes cuisses à celles des effrontées et des vicieuses, que toute cette querelle avait éclaté à cause d'il ne savait quelle vieille truie qui était l'Abbesse d'il ne savait quel Temple parce que je voulais recevoir sa bénédiction.

Bien que mon affection pour le Dioclétide se fût éteinte je fus affligé et consterné par ses propos et je me dis qu'il se perdait et la sueur me coula dans le dos.

Sur ces entrefaites le Garde qui avait été envoyé au Temple revint et dit au sacerdote que la Grande Huissière elle-même venait dans la Maison Forte à cause de cette querelle qui s'était élevée entre le Dioclétide et moi, que le Temple avait confirmé mon récit et que la Face Radieuse avait été fort mécontente d'apprendre que les Gardes avaient mis la main sur un pèlerin venu dans l'Ombliane recevoir sa bénédiction.

Cela, mon Seigneur, mon divin Frère, je ne l'appris que par la suite, car je ne pouvais entendre ce qui se passait dans la salle principale de la Maison Forte que lorsqu'on élevait la voix.

Le Dioclétide Amon fut ramené à sa cellule et comme il passait devant la mienne il m'outragea et m'insulta. Quand il fut enfermé, le sacerdote vint ouvrir personnellement la porte de ma cellule et des Gardes accouraient de toutes parts et il m'expliqua que c'était pour recevoir Sa Bonté la Grande Huissière du Temple.

Or le sacerdote me fit asseoir et je vis qu'il dissimulait un sourire en songeant à l'effroyable situation où s'était mis le Dioclétide Amon par ses propos et ses façons. Je le suppliai par la Phrodite Clémente d'épargner mon ami.

Le sacerdote hocha la tête et dit : « Qu'est donc cet homme pour toi et n'as-tu pas entendu ce qu'il a dit de toi ? Et maintenant n'offense pas la Phrodite en prenant le parti de cet homme, mais rends-lui grâce parce qu'elle rit de plaisir en te voyant et qu'elle étend vers toi sa belle main et te sauve. Mais lui, cet homme que tu appelles ton ami, il est perdu et je le déférerai à l'Episcope de la Maison Majeure à cause de ses blasphèmes. C'est à cause de ses blasphèmes qu'il sera châtié et non à cause de votre querelle, qui n'est qu'une chose insignifiante et ridicule. Car ici, Respectable voyageur, tu es dans un pays différent des autres, et nous mettons notre fierté dans l'amour que nous portons à Houênon aux belles cuisses et nous sommes un peuple doux et aimant la paix et la seule chose que nous ne tolérons pas, ce sont les blasphèmes à l'égard de notre Reine, et il en est ainsi parce que nous savons que partout ailleurs ces blasphèmes sont regardés comme des billevesées et des paroles en l'air. Sur ce point, et sur ce point seulement, la sévérité de notre justice est lourde et terrible. »

Mon Seigneur, mon divin Frère, je te dirai tout de suite que cette affaire n'eut point les conséquences qu'elle aurait pu avoir parce que je pus obtenir par la suite de la Grande Huissière que le Dioclétide Amon fût conduit sur son vaisseau.

On lui enleva seulement l'autorisation de descendre à terre, de sorte qu'il demeura sur le vaisseau durant le temps que celui-ci resta dans le port de l'Ombliane et ce fut la seule sanction qui fut prise contre lui.

Quant à moi, je fus libéré et remis entre les mains de Sa Bonté la Grande Huissière qui vint dans un grand carrosse accompagnée de trois prêtresses. Ce carrosse était tout doré et tiré par six chevaux caparaçonnés d'or. Les Gardes et le sacerdote sortirent pour aller au-devant de Sa Bonté et le sacerdote baisa la bague qu'elle portait à son doigt.

Cette femme était la sœur du Tyran de l'Ombliane et c'était une grande Princesse du pays et c'était une femme âgée aux traits flétris, mais qui était restée mince et élégante.

Je me prosternai devant elle et elle me donna sa bague à baiser. Elle m'ordonna de me rendre au Temple des Vœux Célestes pour me purifier et me pria avec beaucoup de grâce de venir la voir au lever de Thana.

Un soir, entre le lever de Thana et le lever de

l'Athénade, je me rendis au Temple de la Volupté Universelle, parce que la date était arrivée qui avait été fixée par la Grande Huissière, et la nuit était arrivée où je devais recevoir la bénédiction de l'Abbesse.

Sita la prêtresse rieuse et l'autre prêtresse, celle qui portait un voile jaune, m'accueillirent à l'entrée des jardins. Elles étaient accompagnées de musiciennes et de quatre jeunes filles portant un dais. Il y avait beaucoup de curieux dans les jardins qui vinrent assister à la cérémonie et Sa Bonté était présente dans ses vêtements sacerdotaux pour m'accueillir.

Elle me posa les questions exigées par le rite et je lui répondis comme on m'avais appris à le faire. Je dis que les mains de la Phrodite sont belles et que toute l'abondance du Ciel et de la Terre est entre ses mains.

Sita et l'autre prêtresse me prirent chacune une main et je me plaçai avec elles sous le dais qui était une sorte de grande ombrelle de velours rose avec quatre perches, lesquelles étaient portées chacune par une jeune fille au torse nu qui avait des jonquilles dans les cheveux.

La Grande Huissière me frappa l'épaule droite et l'épaule gauche avec sa baguette et me dit : « Puisse Houênon rire d'aise en te voyant. » Nous nous dirigeâmes vers le château de l'Abbesse, parce que c'était dans son château que la Face Radieuse recevait les pèlerins.

Les curieux nous accompagnèrent, qui étaient pour la plupart des couples jeunes qui venaient dans les jardins nourrir les antilopes, les gazelles et les cerfs, ou s'entretenir avec les ermites qui vivaient sous les grands arbres.

Nous nous dirigeâmes vers le château de l'Abbesse, qui avait une tour semblable à la tour du Temple, moins haute et moins large, mais garnie de figures de porcelaine pleines de grâce toutes pareilles à celles qui garnissaient le Temple.

Les musiciennes soufflaient dans leurs clairons, frappaient sur leurs tambours avec leurs doigts, agitaient des sistres et heurtaient les cloches qu'elles portaient avec des baguettes coiffées de cuir.

Autour de la tour qui formait le centre du château de l'Abbesse il y avait des bâtiments dont le toit avait la forme d'un sein. Au sommet de cette coupole il y avait un fleuron qui représentait un lotus. Ces toits étaient bleus et reposaient sur des colonnes de cristal. Sous ces toits il y avait des salles spacieuses aux murs ornés de sculptures et ces salles avaient de larges fenêtres et de larges portes. On y voyait des prêtresses qui tissaient, ou fabriquaient des guirlandes, ou lisaient, ou méditaient, ou s'entretenaient avec des visiteurs. Nous marchions sur un carrelage de marbre rose orné de figures noires qui étaient comme de la dentelle incrustée dans le marbre.

Il y avait des paons qui se promenaient dans les allées, des balustrades de marbre blanc sur lesquelles étaient assis des visiteurs, des fontaines, des statues qui représentaient des animaux divins ou des Gardiens célestes qui avaient des mines farouches et des Anges qui étaient des femmes ailées tenant des guirlandes de fleurs et dont les attitudes étaient voluptueuses et pleines de charme.

J'entrai avec la Grande Huissière dans la tour de ce château, laissant à la porte les jeunes filles qui portaient le dais, Sita la rieuse et la prêtresse au voile jaune, ainsi que les musiciennes.

La Grande Huissière frappa sur une porte avec sa baguette et cette porte était de bronze et richement travaillée. Nous entrâmes dans une salle très haute qui était l'intérieur de la tour, et dans le fond de la salle se dressait une estrade et c'était là que se tenait l'Abbesse.

Elle n'était point seule, mais au pied de l'estrade il y avait des saints et des sages qui étaient presque tous des hommes âgés, des prêtresses et aussi quelques jeunes hommes qui avaient été choisis à cause de leur magnanimité et qui avaient des tulipes sauvages dans les cheveux.

Il y avait dans cette salle des fleurs partout qui étaient comme des cascades multicolores, des statues de marbre noir, des statues de cristal et de porcelaine. Les murs étaient entièrement recouverts d'ornements de diverses sortes, et quand on levait la tête on distinguait des étendards qui étaient accrochés aux parois. Il y avait beaucoup de lampes aussi, mais à cause de ses dimensions qui étaient vastes la salle paraissait obscure, car les volets en étaient clos et les deux Lunes ne l'éclairaient pas.

Sur l'estrade je vis une femme âgée qui était vêtue comme une prêtresse et qui était belle et dont les yeux étaient comme ceux de l'Ourane.

Dès que je vis cette femme, mon Seigneur, mon divin Frère, je l'aimai et je la vénérai, et je pense que personne ne pouvait la voir sans l'aimer et la vénérer, parce qu'elle était belle et que ses yeux étaient comme ceux de l'Ourane.

Dans son attitude elle n'avait rien de sévère ou de solennel, mais elle était assise sur un coussin et ses cheveux qui étaient blancs et gris ruisselaient sur ses épaules. Elle avait peu de rides, mais elle connaissait toute la souffrance des hommes et quand ses yeux rencontrèrent les miens mon âme frémit dans mon corps et je demeurai devant elle frappé de stupeur et comme un homme qui voit une vision.

L'Abbesse rit, et son rire était celui d'une enfant, et c'était un rire espiègle. Elle me dit d'approcher, mais je demeurai dans la stupeur. La Grande Huissière me tapa sur l'épaule afin que je me prosternasse devant la Face Radieuse, mais je restai sur place, dans ma stupeur et dans mon songe, parce que je croyais voir l'Ourane face à face et parce que je voyais que cette femme connaissait l'origine et la fin de toute chose et qu'elle me connaissait.

Elle parla à la Grande Huissière en la nommant par son nom familier, qui était Volpiane, et elle dit : « Volpiane, laisse cet homme, car je le connais et il me connaît. »

Elle se leva avec une grâce divine parce que chacun de ses mouvements était beau, descendit de l'estrade et me prit dans ses bras comme si elle eût été ma mère, rit et me caressa la joue.

Mon Seigneur, mon divin Frère, j'inclinai le front sur son sein comme un enfant, et je pleurai. Et elle, elle mit sa belle main dans mes cheveux, me caressa et murmura des mots pleins de douceur. Alors je me prosternai devant elle, je baisai ses pieds et le bas de sa robe. Elle me releva et ses yeux rencontrèrent les miens, et je vis que toutes les choses sont vraies que l'on dit au sujet de l'Ourane, que sa majesté est terrible et que sa grâce est infinie, et je vis que dans l'Ourane il y a une chose que nul ne comprend et que même les Dieux ne comprennent pas et qui est le Mystère de l'Ourane.

L'Abbesse abaissa les paupières et quand elle les releva ses yeux étaient ceux de Houênon. Ils étaient pleins de bonté et de sagesse, mais c'étaient ceux de Houênon. Elle me fit asseoir sur le bord de l'estrade, me fit donner des fruits et m'interrogea.

Je crus que j'avais été le jouet d'un songe ou d'une vision, parce que les yeux de l'Abbesse ne versaient plus sur moi le rayonnement de l'Ourane et je vis les plis de ses paupières et de son cou, et je pus lui parler et répondre à ses questions.

Elle me demanda : « Qui t'a envoyé ? » Je répondis : « L'Abbé du Temple de Jautaham le Sage qui est dans la Ville-Libre. » Elle hocha la tête et me dit que si l'Abbé m'avait envoyé elle me donnerait l'initiation. Les sages et les saints qui étaient là l'écoutaient et la regardaient et ne se parlaient pas entre eux, mais ils ne faisaient rien d'autre que de la regarder et l'écouter.

Et moi aussi, il me sembla que si j'avais obtenu l'autorisation de demeurer auprès d'elle, je n'eusse pas fait autre chose, parce que j'avais le sentiment, bien que cette femme fût vieille et que ses cheveux fussent blancs, que c'était Houênon elle-même qui était présente parmi nous. On ne pouvait la voir sans l'aimer et à toute question qu'elle posait on ne pouvait répondre que la vérité.

Son regard était comme celui de Houênon, et quand on l'avait vu, on ne pouvait l'oublier, parce que tout le paradis était dans son regard.

Je glorifiai l'Ourane et la Phrodite, parce que je voyais cette femme, dont chaque geste était beau et dont le sourire était celui de Houênon et de nouveau je fus dans la stupeur, la regardant.

Elle me tendit un gobelet et me dit : « Bois, mon chéri, car ceci est un breuvage saint que je te donne par amour de l'Abbé du Temple de Jautaham, et ce breuvage est amer, mais quand tu l'auras bu tu verras de grandes merveilles. »

Elle se tourna vers ceux qui étaient là et dit : « Voyez, je donne à mon fils Ptah Hotep le breuvage saint, et vous, invoquez Houênon et les Anges, parce que mes entrailles se sont émues et que l'Ourane m'a donné un fils. » Les gens qui étaient là élevèrent la voix, en l'appelant Mère, ils la bénirent et me bénirent, ils louèrent Houênon et les Anges.

Je bus le breuvage, qui était amer, et une des prêtresses qui étaient là me conduisit dans une petite chambre où il y avait deux coussins face à face et une fenêtre haute par laquelle entrait la lumière des deux Lunes. Elle me dit de m'asseoir sur l'un des coussins, de rester là en paix et de ne point craindre. Elle me dit de penser à la bonté de Houênon et s'en fut, me laissant seul.

On ne m'avait point expliqué ce qui allait se passer, et j'étais triste parce que je pensais à la Face Radieuse. Je me disais que peut-être je ne la verrais plus et il m'était insupportable de penser que j'allais être séparé de cette femme et je me remémorais ses gestes et ses attitudes.

Je me disais aussi : « Vraiment, Ptah Hotep, tu es insatiable et tu es comme un fou, parce que tu as vu la Face Radieuse et les hommes qui ont ce privilège sont rares et que peut-on demander de plus à l'Ourane ? Tu as vu cette femme en qui séjourne l'esprit de l'Ourane et maintenant tu ne crains plus la mort parce que tu as vu la majesté de l'Ourane et sa grâce qui sont infinies. Mais tu veux davantage maintenant et tu veux demeurer éternellement aux pieds de cette femme et tu as ce désir en toi qui est puissant comme un lion de Saha et au lieu de glorifier Houênon, tu es plein d'impatience et tel que le cheval de l'Iscandre parce que tu crains de ne plus la voir, et de ne plus entendre son rire qui est doux comme le vent dans les blés mûrs. »

La salle était ornée de figures semblables à celles qu'on voyait partout dans le Temple. Il y avait des fleurs dans des vases, et en face de moi un coussin. Les deux Lunes emplissaient la chambre de leur lumière.

Et voici, comme je considérais les fleurs, que je vis qu'elles n'étaient pas comme des fleurs ordinaires, mais qu'elles étaient plus grandes et plus belles et que leurs couleurs étaient plus vives et plus riches. Je fus émerveillé parce que je n'avais jamais vu des fleurs pareilles, qui étaient semblables à des iris et à des bâtons-de-feu, à des jasmins, des blondines et des bouches-de-fée, mais qui étaient beaucoup plus délicates et qui avaient en elles comme une lumière divine.

Ces fleurs avaient été faites par l'Ourane et la vie de l'Ourane était en elles comme une respiration. J'admirai la forme de leurs pétales et la façon qu'ils avaient de se recourber.

Par comparaison les sculptures et les ornements me parurent grossiers, car ils étaient issus de la main de l'homme et cette main ne se compare pas avec celle de l'Ourane, mais elle est fruste et grossière.

Ces fleurs n'appartenaient point à la Terre, mais elles avaient été cueillies dans le paradis de Soliman, et c'étaient des fleurs célestes. Elles semblaient avoir été taillées dans des diamants et des rubis, leurs feuilles et leurs tiges semblaient avoir été taillées dans des émeraudes. Plus je les regardais, plus je les admirais et m'émerveillais. Je me disais que c'étaient des fleurs célestes cueillies dans le paradis de Soliman et couvertes de la rosée du paradis, et l'on eût dit que ces fleurs pensaient. Elles avaient comme un sourire et la lumière divine s'en exsudait. Elles se balançaient doucement et avaient l'air de respirer.

La porte s'ouvrit et une femme entra dans la chambre. Mon Seigneur, mon divin Frère, je crus que ce n'était pas une femme de chair, mais une danseuse divine ou un Ange, et cependant elle ne pouvait en être une, car c'était une prêtresse du Temple et je l'avais remarquée qui se tenait dans la grande salle parmi les sages et les saints. Elle me dit : « Je suis Tiriane Bô. »

Mon Seigneur, mon divin Frère, ce qui se passa ensuite est le secret de Houênon. Je ne puis le mettre par écrit, parce que cela m'est défendu.

Lorsque tu me feras venir auprès de toi, je te conterai ce qui se passa, parce que je te parle comme on parle à son âme. Mais je ne puis mettre ces choses par écrit, de crainte que ces feuilles ne tombent entre des mains profanes. Et il y a une autre raison, qui est que les mots sont morts.

Cette boisson avait changé mon regard, mais lorsque je revis l'Abbesse, et que je portai mon regard sur elle, il n'y eut aucune différence entre l'Abbesse telle qu'elle m'apparaissait maintenant et telle qu'elle m'était apparue avant que j'eusse pris de ses mains le gobelet et bu le breuvage saint, ou cette différence n'était qu'extérieure et superficielle, parce que je voyais plus clairement que c'était une femme vieille, que son corps était usé et qu'il était comme un vêtement dont le tissu commence à se défaire.

Mais l'Ourane était dans ses yeux et quand elle en adoucissait et voilait l'éclat, on eût dit que Houênon vous regardait. Elle était ainsi toujours, et n'avait aucun besoin de boire le breuvage saint pour être ainsi.

Parmi les sages et les saints qui étaient là, il en était en qui l'esprit des Dieux descendait quelquefois, mais il n'en était aucun qui fût toujours et naturellement habité par cet esprit, alors que la Face Radieuse l'était toujours et naturellement.

Elle me dit : « Maintenant tu possèdes une connaissance que les autres hommes ne possèdent pas, car tu connais maintenant le but et la fin de la vie, qui est de faire un avec l'esprit de l'Ourane, et cette connaissance fait de toi un initié, bien que tu saches aussi que tu as seulement franchi le seuil du Temple et que tu as encore un long et un très long chemin à faire avant de pouvoir porter l'esprit de l'Ourane comme je le porte. Mais tu sais quelque chose que les autres hommes ne savent pas et ce savoir fait de toi un homme différent des autres et séparé, et il fait de toi, mon chéri, le fils de l'Abbesse du Temple de la Volupté Universelle qui est dans l'Ombliane. Et tu sais qu'il y a dans cette union avec l'Ourane un mystère insondable parce que tu vois que je fais un avec lui et que cependant je demeure ce que je suis, que je suis à la fois une femme ordinaire et le tabernacle de l'Ourane, qu'il y a une parfaite interfusion entre sa grandeur et ma petitesse et que ceci est un mystère insondable. »

Puis elle me prit à l'écart et ajouta : « Mon fils, tu partiras dans quelques nuits vers la Nouvelle-Illyrie, parce que tu dois accomplir ton destin, mais tu reviendras ensuite dans l'Ombliane et tu viendras vers moi, et alors j'élèverai ton esprit dans la lumière de l'Ourane et je te donnerai Tiriane Bô, et elle sera une épouse pour toi devant l'Ourane. »

Lorsque l'effet du breuvage commença de décroître, l'Abbesse me congédia et je sortis de son château au lever de Râ.

Quelques nuits plus tard je trouvai un vaisseau qui partait pour la Nouvelle-Illyrie. Ce vaisseau allait directement à Thûg-Norqâa sans passer par les ports de Basan. Je m'arrangeai avec le capitaine et fis transporter mon coffre sur le vaisseau.

Nous ne longeâmes point la côte, mais nous nous dirigeâmes vers la haute mer. Au bout de deux nuits nous franchîmes ce qui est appelé dans ces régions la ligne d'Ahûra Mazhd, parce que tel est le nom que donnent à Râ les hommes de ces régions. Les Rûmiens appellent cette ligne l'Ornière du Char, car ils donnent à Râ le nom de Habolaune le conducteur du Char céleste.

Je me tenais cette nuit-là sur la poupe, et j'étais grandement ému parce que j'avais le sentiment de quitter une seconde fois ma patrie et de sortir d'un monde pour entrer dans un monde nouveau. Au nord de l'Ornière, la puissance de Râ est moindre et Habolaune est adoré sous les traits d'un jeune homme aux cheveux d'or comme ceux de Hanth qui fut l'époux de Scéléo Bâ la plus belle des femmes.

Je me tenais sur la poupe et le capitaine me montra un grand nuage qui était pareil à un rouleau qui avançait sur la mer. Il me dit : « Quand notre vaisseau arrivera sous ce nuage, nous aurons traversé l'Ornière. » Il était joyeux, car c'était un homme du Nord qui aimait le froid.

Thana était dans le ciel comme le contour d'un sein et des vapeurs enveloppaient l'Athénade. Le nuage avança sur la mer et l'obscurité grandissait parce que les rayons de l'Athénade perçaient de plus en plus difficilement les vapeurs qui s'interposaient entre le bouclier vivant et la Terre.

Le bord de ce nuage était comme une tête cornue qui aurait eu beaucoup de cornes torses pareilles à des cornes de bélier, ces cornes s'allongeaient et ensuite elles se recourbaient en arrière et de nouvelles cornes paraissaient, et ces cornes étaient aussi comme des racines qui s'allongeaient, se divisaient et s'allongeaient de nouveau.

Mais le vent soufflait du Sud et nous sentions encore sa chaleur sur nos épaules, et cette chaleur était douce.

Le capitaine me quitta, qui était un homme robuste avec une barbe carrée et un nez cassé. Il prit le gouvernail, donna des ordres et tous les matelots coururent et grimpèrent dans les cordages du navire.

Le vent continuait à souffler du Sud, qui poussait notre vaisseau, mais celui qui portait le nuage courait en sens inverse. Soudain une obscurité tomba sur le vaisseau parce que l'épaisseur du nuage était telle que les deux Lunes ne pouvaient plus la percer.

Le capitaine était debout, qui tenait le gouvernail très légèrement entre ses doigts, il le tenait comme un médecin tient le poignet d'un malade pour en tâter le pouls, et parfois il fermait les yeux comme s'il eût écouté, parfois il levait la tête et la tournait vers l'Est comme s'il eût flairé. Un fanal jetait sur son visage une lueur tremblante.

Soudain il empoigna le gouvernail, le fit tourner et tout le vaisseau vira comme une femme qui se roule sur le flanc. Je sentis à travers le souffle chaud qui venait du Sud un autre vent passer qui était froid. Toutes les voiles se gonflèrent ensemble sur ma gauche et se tendirent en résonnant comme des cloches. Le vaisseau pencha vers la gauche, et il se pencha tellement que des vagues franchirent le bastingage et vinrent rouler sur le pont.

Le capitaine tourna encore vivement le gouvernail. Le vaisseau se redressa et frémit comme un cheval et je sentis que sa marche s'accélérait. Je vis devant le vaisseau une large barre lumineuse, qui était faite des rayons de deux Lunes jouant sur la mer et nous entrâmes dans un espace éclairé, mais le vent froid continua de souffler, qui venait de l'Orient et je sus que nous avions franchi l'Ornière.

Or, mon Seigneur, mon divin Frère, tu as toujours vécu au nord de l'Ornière, et il m'est difficile de te décrire les sentiments que j'éprouvais, moi qui avais toujours vécu dans le Sud. Car nous autres hommes du Sud, nous vivons de préférence la nuit, à cause de la puissance de Râ, alors que vous, vous vivez le jour. Et voici que je dus m'adapter et m'habituer à cette façon de faire qui me paraissait étrange et barbare, bien que dans vos régions, durant le jour, l'éclat de Râ soit le plus souvent à peine plus vif que celui de l'Athénade dans nos régions à nous.

J'étais entré dans un monde où toute chose était moins vive et moins colorée, et où il y avait comme une cendre éparse, de sorte que les couleurs paraissaient éteintes. Bien que les deux Lunes brillassent dans le Nord comme dans le Sud, leur lumière était estompée, et souvent couverte par les nuages, de sorte que les nuits étaient obscures et qu'on n'y voyait point.

Lorsque nous entrâmes dans le port de Thûg-Norqâa il pleuvait, et ceci également fut pour moi une chose toute nouvelle, parce que dans le Pays de Hag il ne pleut presque jamais, et quand l'Ourane est dans sa fureur, chassant devant lui les vaches célestes, c'est comme si un fleuve se déversait sur la Terre parmi des rugissements énormes et des éclairs, mais cela ne dure point.

Mais lorsque nous entrâmes dans le port de Thûg-Norqâa, la mer était grise et huileuse avec un éclat terne, et les montagnes étaient couvertes de brume, partout il y avait une humidité et la pluie était un picotement continuel et froid et les rues, comme je m'en aperçus en pénétrant dans la ville, étaient pleines de boue.

Le capitaine était joyeux, car il retrouvait les siens, le monde qu'il connaissait et aimait. C'était un Illyrien comme le vénérable marchand Zihara-Daq Hini, et je vis sur le quai des hommes semblables au Vénérable Zihara-Daq, ils portaient des bottes à cause de la boue et des vêtements bordés de fourrure de mouton, mais ils avaient de longues barbes et de longs cheveux. Il y en avait qui avaient roulé leurs cheveux dans une espèce de sac qui était attaché à leur chapeau pour les préserver de la pluie, et il y en avait qui portaient de grandes ombrelles de cuir pour s'en protéger.

Je vis aussi des chevaux qui étaient petits avec des genoux gros, ils avaient un poil très épais, une crinière blanche et une robe grise et certains étaient roux avec des plaques brunes et blanches.

Les maisons étaient semblables à celles du Quartier des Illyriens dans la Ville-Libre, mais elles étaient plus pauvres et avaient un aspect moins riant. Les oiseaux et les fleurs qui en décoraient les façades étaient souvent à peine visibles parce que la peinture s'écaillait.

Comme notre vaisseau entrait dans le port, je regardais tout cela, ces hommes qui me rappelaient le Vénérable Zihara-Daq, ces maisons, ces chevaux, les fortifications qui surplombaient l'entrée du port et qui avaient un air maussade et renfrogné, avec des tours carrées sans toiture, des parapets en biseau sur lesquels croissaient des mousses et parfois un arbuste s'élançait d'une crevasse, qui avait des feuilles larges et découpées qui se penchaient dans la pluie.

J'étais angoissé et tourmenté, non seulement parce que tout ce que je voyais me semblait étrange et déplaisant, mais parce que je me sentais seul et j'étais un étranger et un homme dont on voit tout de suite qu'il n'est pas du pays à cause de la couleur de sa peau, de ses cheveux et de la forme de son visage.

Il me semblait que j'étais nu et sans défense. Parmi les Illyriens je distinguais aussi des Némurions à cause de leur haute taille et de leurs cheveux jaunes, bien qu'ils fussent pour la plupart vêtus comme les Illyriens, et je me demandais ce que je faisais là. J'étais tel que le cheval de l'Iscandre, roulant des pensées mauvaises et noires.

J'avais interrogé le capitaine au sujet des Némurions, lui demandant si je risquais de m'attirer des ennuis à cause de ma qualité de patricien de Hag, et ceci aussi me troublait parce que je craignais que les Némurions, considérant l'usurpateur comme un allié, n'apprissent que j'étais un ennemi du Régent.

J'avais interrogé beaucoup de personnes à ce sujet durant le voyage et toutes avaient répondu la même chose, à savoir que ces questions d'identité et de provenance n'intéressaient point les Némurions et que je n'avais aucune crainte à nourrir à ce sujet.

Cependant j'étais mal à l'aise à cause de cela, n'ayant pour tout papier à présenter aux autorités du port que le document signé par le Préfet dans la Ville-Libre, dans lequel il était dit que je rendais visite à des parents du Vénérable Zihara-Daq dans la Nouvelle-Illyrie. N'importe quel Officier de police aurait pu s'étonner qu'un patricien de Hag eût de telles accointances.

Mais sur le quai il n'y avait aucune espèce d'Officier de police et il n'y avait rien qui ressemblât à une douane ou à une autorité quelconque.

Lorsque je descendis à terre il n'y eut personne pour s'occuper de moi, hors un ou deux enfants en haillons qui avaient les pieds nus malgré la pluie et le froid et qui m'observaient avec des yeux ronds, pelotonnés sous l'auvent d'un entrepôt. Parmi les Némurions il n'y en avait aucun qui parût le moins du monde habilité à s'occuper des affaires du port, mais c'étaient des hommes de peine qui demeuraient les bras ballants, mastiquant une racine de réglisse, les reins ceints d'une corde ou d'une lanière de cuir.

Mon Seigneur, mon divin Frère, j'eus là, sur ce quai boueux et sous ce ciel morne, une telle sensation d'abandon et d'isolement que je crois bien que j'eusse préféré avoir à me débattre avec des officiers tatillons et soupçonneux, bien que cette sorte de gens soit celle que je haïsse le plus, qui se plaisent à créer des complications et des difficultés et vivent des tracas inutiles et absurdes qu'ils inventent comme des rats vivent de fromage.

Comme je restais là sur le quai, mon coffre fut descendu, chargé sur une voiture à capote de toile par deux matelots. Le conducteur de cette carriole vint à moi et me demanda où j'allais.

C'était un homme avec un ventre important et une barbe importante qui tenait son fouet comme il eût tenu un sceptre. C'était un de ces hommes qui se juchent sur leur néant comme sur un trône et de là méprisent tous les autres, et qui avec cela ont toujours la main tendue, et qui la tendent comme s'ils vous faisaient un très grand honneur en acceptant votre argent.

Ce cocher vint donc vers moi en poussant son ventre devant lui, me regarda comme un morceau de bois et me demanda où j'allais. Je vis qu'il me haïssait parce que j'étais un étranger et j'eus un goût amer dans la bouche car dans l'ignorance où j'étais de Thûg-Norqâa et comme il n'y avait aucun autre voiturier sur le port je devais essuyer ses mépris.

Je le regardai moi aussi comme on regarde un morceau de bois et je lui répondis que j'allais chez le vénérable marchand Ramag-Dorg Hini et je montai dans sa voiture qui était grinçante et déplaisante et tirée par un petit cheval très joli avec une longue crinière blanche.

Cette voiture était ouverte sur les côtés et il y avait une vieille couverture brune et déchirée à se mettre sur les genoux et des coussins tout plats parce que le son s'en était échappé.

Le cocher monta sur son siège, me tourna son vaste dos et fouetta son cheval en me faisant comprendre par l'expression de son vaste dos qu'il me tenait pour un excrément et ce fut ainsi que j'entrai dans Thûg-Norqâa.

Malgré la pluie, le froid et la boue, il y avait beaucoup de monde dans les rues. Sur toutes les places il y avait des marchés couverts et il y avait de grands piliers qui soutenaient une toiture en galets et sous cette toiture il y avait de l'agitation, du bruit et beaucoup de visages gais, ce qui me réconforta un peu.

Ici l'on vendait des légumes, là des fruits. Il y avait des femmes qui toutes étaient bottées et qui portaient des jupes amples et des fichus sur la tête et qui jasaient en riant. Plus loin il y avait un autre marché, et plus loin un autre.

Il n'y avait pas à proprement parler des rues, mais comme dans le Quartier des Illyriens de la Ville-Libre tantôt un groupe de maisons et tantôt une maison isolée. Je croyais parfois reconnaître soit le Vénérable Zihara-Daq soit l'un de ses amis à la silhouette des hommes qui passaient.

Nous traversâmes la ville et nous arrivâmes dans la partie où étaient installés les Némurions.

C'étaient des enclos faits de hauts piquets de bois plantés dans le sol avec de larges portes surmontées souvent d'un crâne de bœuf à longues cornes et là, comme nous passions trop vite, je distinguai mal ce qui se passait à l'intérieur, mais je vis des feux, protégés de la pluie par des toits portés sur des colonnes de bois et des hommes autour de ces feux. Je vis quelques façades de pierre et de bois qui me parurent toutes grises et chagrines, des chiens, des chevaux et de la boue et dans tout cela il y avait le feu qui mettait une sorte de gaieté bizarre et qui jetait sur les visages un reflet rouge.

Enfin j'arrivai à la maison du Vénérable Ramag-Dorg Hini, laquelle se trouvait sur une hauteur dominant le port et dans un quartier riche qui ressemblait beaucoup à celui dans lequel vivait Zihara-Daq dans la Ville-Libre, sauf qu'il avait je ne sais quoi de triste, en dépit des arbres qui l'ornaient et de la propreté et des figures peintes qui ornaient les façades.

Les femmes du Vénérable Ramag-Dorg me dirent que leur mari était dans sa boutique et que le Dioclétide Amon était parti depuis une semaine déjà et plus avec une troupe de Cavaliers Royaux.

Mon Seigneur, mon divin Frère, il régnait dans la maison du Vénérable Ramag-Dorg un climat d'amertume et d'inquiétude. D'abord je l'attribuai à la pluie et à la boue et au voisinage des Némurions. Mais elle avait une autre cause, ainsi que tu le verras dans la suite.

Il y avait une grande ressemblance extérieure entre les gens parmi lesquels je vivais à Thûg-Norqâa et ceux parmi lesquels j'avais vécu dans la Ville-Libre et, comme le Vénérable Ramag-Dorg était par le sang un parent du Vénérable Zihara-Daq, j'en conclus qu'il en était aussi un parent par le cœur sans m'apercevoir que cette conclusion était sotte et que je demeurais jeune et naïf.

Je jugeai en quelque sorte Ramag-Dorg et sa famille à travers le souvenir que je gardais de Zihara-Daq et sa famille et ce souvenir fut comme un voile sur la réalité.

Je ne vis point que le Vénérable Ramag-Dorg avait un souci qui était de se débarrasser de moi aussi vite que possible, et pendant les semaines que je demeurai sous son toit j'attribuai la mine et les façons des gens qui étaient là à des causes simples. Je ne vis point que les fils du Vénérable Ramag-Dorg étaient des hommes durs et épais, ni que les femmes de la maison étaient effrayées et tremblantes, ni que les enfants avaient un sérieux qui n'était pas de leur âge, ni que dans toute la maison planait un esprit ambigu et sombre.

Bien que je fusse accueilli avec politesse et honorablement, j'eus horreur de Thûg-Norqâa et dès le second jour j'entrepris des démarches pour savoir comment franchir le pays pour me rendre à Rûm.

J'appris avec une véritable épouvante qu'il n'y avait pour l'instant aucun moyen raisonnablement sûr de traverser le pays, parce que derrière Thûg-Norqâa s'étendait un puissant fleuve, le Deubh'n, que ce fleuve avait un cours rapide et périlleux, et que le pont autrefois bâti par les Rûmiens et qui était une des merveilles de l'Illyrie à cause de sa longueur, s'était depuis longtemps effondré, de sorte que l'on ne pouvait plus passer le fleuve que sur un bac.

Or le printemps était venu, et les eaux du Deubh'n s'étaient grossies et enflées et leur cours s'était précipité et durant cette saison nul vaisseau ne s'aventurait sur ces eaux, de sorte que durant deux mois chaque année Thûg-Norqâa était comme isolée du reste du pays. Il n'y avait point de communication parce que les montagnes de l'Est, où le Deubh'n prenait sa source, étaient infranchissables. On ne pouvait que suivre le littoral et alors on se dirigeait vers Basan qui était la direction opposée à celle que je voulais prendre.

Ainsi je me trouvais arrêté dans Thûg-Norqâa et obligé d'y séjourner durant toute la saison de la fonte des neiges.

Il semblait que je n'eusse aucun moyen de sortir de cette ville détestable. Le bac qui avait transporté le Dioclétide Amon et les Cavaliers Royaux avait été l'un des derniers à se hasarder sur les flots du Deubh'n avant que le grossissement de ces flots ne rendît la navigation impossible. Depuis quatre jours le marinier le plus téméraire n'eût point osé s'y aventurer, car le fleuve était comme un tigre furieux et charriait de gros blocs de glace et des arbres entiers. Il était recouvert d'écumes et rugissait comme un tigre.

Quand j'appris cela, je fus dans l'affliction et je me crus abandonné des Dieux. Il me sembla que Houênon elle-même était lasse de me protéger et de me secourir et qu'elle retirait sa belle main de dessus ma tête. Je faillis pleurer de rage et de consternation.

Or l'un des fils du Vénérable Ramag-Dorg faisait le commerce du fer. Il apprit que des marchands partaient pour Erembûrz-Datên qui est une grande terre de l'Illyrie et l'un des plus importants diocèses de la région.

Quand il apprit cette nouvelle à son père, le Vénérable Ramag-Dorg me conseilla de me joindre à la caravane, bien qu'en agissant de la sorte je tournasse pour ainsi dire le dos à ma destination, parce qu'Erembûrz-Datên est située dans l'Ouest de l'Illyrie et adossée à l'Alborz qui est une haute et très haute montagne dont il est dit que sur la cime porte les débris du vaisseau de Noha qui fut le premier Hârad de Yûd après les Trois Cataclysmes.

Le Vénérable Ramag-Dorg me dit que d'Erembûrz je pouvais facilement franchir les cols qui séparent ce diocèse de la plaine, rejoindre une Route Royale et parvenir à la ville du Roi des Némurions, qui est Varm.

Parce que je ne me méfiais point du Vénérable Ramag-Dorg, et parce que je haïssais Thûg-Norqâa, je crus que son conseil était bon et je le suivis.

Et ce fut cette décision, que je pris à la légère et sans réflexion, parce qu'un vieillard que je ne connaissais pas me la conseillait et parce que j'étais tel que le cheval de l'Iscandre, qui changea ma destinée.

Mon Seigneur, mon divin Frère, je m'arrangeai avec les Illyriens qui partaient pour Erembûrz-Datên et durant la semaine suivante je ne fis que préparer ce départ.

Ce fut durant cette semaine qu'eut lieu le seul événement important de mon séjour, et que Houênon me prit par la main sans que je m'en aperçusse et me fit entrer dans une vie nouvelle, et cela sans que dans mon aveuglement j'eusse le moindre soupçon de ce qui m'advenait.

J'avais déjà fait l'emplette des choses qui me paraissaient nécessaires et notamment de deux chevaux quand un soir le Vénérable Ramag-Dorg me prit à l'écart par le bras et me dit en faisant une mine étrange qu'il désirait s'entretenir avec moi en particulier.

C'était un homme venu dans les ans qui semblait avoir plus de rides que de visage. Ses joues s'étaient creusées et son nez s'était allongé, il avait une curieuse expression à la fois malicieuse et pleurarde, et c'était un homme qui poussait de grands soupirs comme s'il eût eu de grands chagrins et en même temps, quand il vous regardait, il semblait avoir quelque secret extrêmement amusant dans son esprit.

Malgré son âge, il avait toutes ses dents, qui étaient seulement un peu jaunies, sa barbe était longue et pointue et elle aussi elle était plutôt jaunissante que blanche, et il portait ordinairement un turban de soie et un collier de turquoises omblianes.

Il soupirait et disait : « Laha ! » ou bien « Ma'ahmûd ! » et voici que son petit œil vous accrochait comme un hameçon d'argent, et alors il touchait sa lèvre qui était grosse et la palpait avec un sourire irrégulier.

Il était voûté et s'appuyait sur une canne à pommeau d'ivoire, mais cette canne servait surtout à donner des tapes sur les fesses des enfants ou encore il l'abattait parfois sur le parquet pour marquer de l'indignation.

Or il m'emmena et il voulut aller jusqu'à ma chambre pour me parler et je me demandai bien quelle affaire il avait à traiter avec moi qu'il craignait que sa famille ne connût.

Quand nous fûmes seuls, il s'assit dans un fauteuil et dit : « Laha ! », palpa sa lèvre et soupira. Puis il me dit : « Mon Seigneur, tu es jeune » et son petit œil m'accrocha comme un hameçon d'argent et il rit dans sa barbe en tapotant sa canne et en palpant sa lèvre.

Je sentais bien qu'il faisait une allusion aux femmes, mais la nature de cette allusion m'échappa. Alors il dit : « C'est un voyage très long que tu entreprends. » De nouveau il y eut un silence et l'on eût dit que le silence sortait de ses pores comme une vapeur subtile et qu'il emplissait la chambre. Ce silence semblait plein de rires et de regards voilés et je pensai que le Dioclétide Amon avait dû dire que j'étais porté sur les femmes, car, bien que le Vénérable Ramag-Dorg n'eût pas mentionné la Phrodite, il y avait comme l'écho de son rire qui était en suspens dans la pièce.

Or le Vénérable Ramag-Dorg avait quatre femmes, et la plus jeune était encore jolie, bien qu'elle fût un peu dodue, et je ne parvenais pas à comprendre où il voulait en venir, car il ne disait que « Laha ! » et « Ma'ahmûd ! » et parlait vaguement de propreté et de saleté.

Il dit en soupirant : « Et quand il faut à la fin d'une longue étape faire du feu, et plumer une volaille, et la vider... Laha ! Mon Seigneur, parfois dans ma jeunesse j'ai préféré dormir le ventre creux plutôt que de faire tout cela. »

Puis il parut changer de sujet et me parla des habitants d'Erembûrz-Datên. Il me peignit leurs villages qui étaient tous très propres, bien tenus et pleins de gaieté et il me dit en donnant sur le parquet un coup de canne : « Parce qu'il n'y a point de Némurions dans ces régions, et tu verras là-bas comment nous sommes vraiment et tu verras que les Illyriens sont un peuple industrieux qui sait parler à la Terre, de sorte que nos récoltes sont belles et que nos vergers regorgent de beaux fruits. Parce que ces porcs némurions ne vont point là ! »

Il ajouta soudain : « Et tu verras, mon Seigneur, que nous sommes un peuple très religieux ! » Son regard pétilla comme s'il eût fait une plaisanterie un peu osée.

Me rappelant alors les façons des Illyriens, je lui offris du vin et des gâteaux. Il but un verre de vin en remuant les lèvres et sa barbe remua entraînée par le mouvement de ses mâchoires et une sorte de lueur erra sur ses pommettes. Il se pencha vers moi et me dit avec un sourire irrégulier : « Tu es jeune, mon Seigneur, et c'est un peuple très religieux ! »

Cela fut dit sur le ton de la confidence et j'étais de plus en plus perplexe. Il ajouta : « Tu verras de belles filles dans ces régions, mon Seigneur », et je compris alors qu'il me donnait à entendre avec toutes sortes de soupirs et d'atermoiements qu'il n'y avait point de filles de Houênon dans ces régions et que c'était à cela qu'aboutissait tout son discours enveloppé et brumeux et plein d'allusions insaisissables.

De surprise j'éclatai de rire, et le Vénérable Ramag-Dorg fut tout réjoui et se renversa à demi dans son fauteuil en élevant les deux mains. Il se versa du vin, prit un gâteau et me parla tout en mastiquant de façon que je ne comprisse qu'à moitié ses paroles, et il me dit ou plutôt me fit comprendre à travers des allusions et des soupirs qu'il n'avait point de conseils à me donner, mais que pour faire un si long voyage, lui, il eût songé à prendre avec lui une esclave qui ne fût point trop laide et qui fût capable de s'occuper du ravaudage, de la cuisine et de ces sortes de choses. Il ne me dit point ouvertement que cela me permettrait de satisfaire les yeux de Seth, mais ce fut cela qu'il me fit comprendre, et son discours fut réellement admirable parce qu'il ne me dit point une seule fois ouvertement et franchement que durant ce voyage j'aurais le désir d'échanger le lys et la rose sans trouver le moyen de le faire et pourtant il arriva à l'insinuer en ne parlant que de ma jeunesse et du caractère religieux des Illyriens d'Erembûrz-Datên.

Je fus émerveillé et amusé par son astuce et très amusé aussi parce qu'il croyait devoir faire tant de mystère pour une chose aussi simple.

Or il poursuivit et comme il parlait il m'apparut petit à petit que le vénérable marchand n'était peut-être pas au-dessus de l'idée de gagner un peu d'argent ou même un peu d'or et qu'il avait peut-être quelques intérêts dans le marché des esclaves de Thûg-Norqâa, tout digne qu'il fût, et bien que seuls les hommes méprisés de tous fissent ouvertement ce marché. Bien sûr, il n'était pas marchand d'esclaves et chacun savait qu'il faisait le commerce du cuivre dans Thûg-Norqâa, mais cependant comme l'esclavage était un fait, regrettable certes, mais un fait, il n'était peut-être pas tout à fait étranger à certaines petites tractations qui se faisaient quand il y avait un homme particulièrement robuste ou habile ou bien une fille particulièrement jolie, eh bien, entre un « Laha ! » et un « Ma'ahmûd ! » il arrivait qu'il se fît une espèce de devoir d'en avertir ses amis particuliers.

Mon Seigneur, mon divin Frère, je compris également qu'il avait proposé une esclave au Dioclétide Amon et que ce dernier avait refusé assez sèchement, de sorte que le Vénérable Ramag-Dorg gardait un assez mauvais souvenir du Dioclétide.

Or je réfléchis à tout ce que me disait ou plutôt ne me disait pas le marchand et je convins de l'aller trouver le lendemain dans sa boutique.

Il fut alors tout à fait réjoui et comme un vieil oiseau à qui l'on offre du riz, et je constatai avec quelque surprise quand il m'eut quitté qu'il avait vidé toute la bouteille de vin sans que cela parût le moins du monde l'affecter, lui qui avait l'air si frêle qu'on eût cru qu'une goutte eût suffi à l'enivrer.

Le lendemain je me rendis à la boutique du Vénérable Ramag-Dorg, et cette boutique donnait sur une place de Thûg-Norqâa qui avait un marché couvert où l'on vendait des plats et des lampes de cuivre et toutes sortes d'ustensiles en étain et en autres métaux.

Dans cette boutique je trouvai plusieurs hommes graves assis devant de petites tables hexagonales incrustées de corne et qui buvaient du thé et mangeaient des gâteaux. Il y avait des tapis pendus aux murs et le parquet était recouvert de tapis et du plafond pendaient quantité de très belles lampes avec des vitres colorées.

Le vénérable Ramag-Dorg me fit entrer dans une chambre qui se trouvait derrière la boutique et me fit toutes sortes de compliments et de grâces.

Une jeune servante parut, qui était fraîche, avait de gros seins et une grosse croupe, et cette servante nous apporta du thé et des friandises.

Le Vénérable Ramag-Dorg parla des Némurions qui étaient des porcs et du Nouvel-Empereur dont on ne savait rien. Il dit que tous les Illyriens étaient dans l'effervescence, car d'une part rien ne les eût ravis davantage que de voir les Némurions chassés et d'autre part ils craignaient tous grandement la guerre.

Un rideau fut soulevé et un marchand entra qui était un homme gras dont on ne voyait point les yeux et qui était tout parfumé avec des cheveux lisses et un nez pareil à une tomate. Il s'assit et il fut de nouveau question de la guerre possible et de ce qu'on savait et de ce qu'on croyait.

Je n'avais pas en vain habité la Ville-Libre. Aussi je me joignis à la conversation et parus avoir oublié l'objet de ma visite. Plusieurs autres personnes arrivèrent, et c'étaient tous soit des marchands soit des propriétaires riches. Peu à peu nous apprîmes que l'un cherchait un homme vigoureux pour sa ferme, et que l'autre cherchait une fille pour s'éjouer, parce qu'il avait perdu sa femme préférée et ne voulait point se remarier et, du reste, il n'y avait point de bons partis en ce moment à Thûg-Norqâa.

Mon Seigneur, mon divin Frère, le spectacle auquel j'assistai ensuite ne fut pas plaisant, parce que je vis la dureté et l'indifférence des hommes.

Les esclaves furent amenés devant nous entièrement nus et enchaînés et ils furent examinés comme des bêtes. Quant aux femmes parmi eux, celles qui étaient vierges, ces acheteurs palpaient le sanctuaire pour s'en assurer, leur regardaient dans la bouche, soulevaient leurs cheveux et les traitaient exactement comme des bêtes et faisaient des remarques pénibles et obscènes à propos des hommes aussi bien que des femmes.

Je me rappelai les esclaves de mon père et pensai qu'ils avaient été eux aussi soumis à cette horrible inspection et je pensai à Aset qui avait été exposée sur l'Esplanade januane et mon âme trembla dans mon corps.

Voici que j'étais brusquement mis en face des soubassements de la société, que je voyais à l'œil nu ce qui soutenait tous les riches édifices et la magnificence des grands Seigneurs. Je pensai que moi aussi j'avais toujours vécu grâce à la sueur, au sang et à l'humiliation des autres et j'eus horreur de moi-même.

En même temps j'étais troublé et bizarrement ému, voyant ces femmes nues et enchaînées qui étaient souvent bien faites, mais qui avaient le visage comme durci et recuit par le malheur, et qui avaient des yeux secs et brillants et jetaient sur nous des regards où il n'y avait ni haine, ni crainte, mais une sorte de sombre effronterie que je ne comprenais pas, et presque toutes avaient une espèce de sourire fixe comme s'il eût été gravé dans la pierre.

Il me sembla que j'étais de nouveau dans le Grand Temple des Rûmiens, mais je n'étais pas dans la salle où avait eu lieu le carnage, j'étais dans les caves qui se trouvaient dessous. Il régnait là une odeur de chair et de transpiration et les chaînes faisaient un bruit analogue à celui qu'on fait quand on se racle la gorge.

On nous montra des adolescents et des filles à peine nubiles et les adolescents étaient, eux, à la différence des autres, pleins de frayeur car ils craignaient qu'on ne fît d'eux des eunuques. Il y eut parmi les marchands et les propriétaires certains qui allongeaient la main et palpaient grossièrement le lieu de Min et ils disaient : « N'aurais-tu pas une plus jolie voix, mon mignon, si on t'enlevait ça ! »

Je pensai à Aset, et je compris enfin pourquoi Nezamh avait été si tourmentée et obsédée par sa chaîne et j'eus horreur de mes façons avec elle si longtemps. J'élevai ma pensée vers la Face Radieuse et je lui dis dans la langue de l'âme : « Pourquoi permets-tu ces choses ? » car pour moi elle était comme l'Ourane lui-même et quand je lui parlais dans la langue de l'âme je m'adressais à l'Ourane lui-même.

Sous leur air indifférent et dur tous les hommes qui étaient venus là étaient en secret agités de mille pensées. Ils étaient rouges et leurs yeux étaient chargés de feux. Je vis que l'humiliation des esclaves leur plaisait, que c'était pour eux une volupté que d'être là, libres, riches, tranquilles, et d'avoir le sort de ces malheureux entre leurs mains. Cette volupté était pour eux plus grande encore que celle que donne Houênon, elle les bouffissait et les travaillait comme une maladie, et ils étaient ivres devant ces corps et ces chaînes et eux, ils portaient au cou des chaînes d'or et ils jouaient avec ces chaînes en considérant les esclaves et ils avaient de brusques explosions de rire et en même temps ils fronçaient les sourcils et essayaient de dominer le tremblement de leurs joues, mais ce rire jaillissait d'eux soudain comme un hennissement.

Je sentis sous ma main le pommeau du glaive que m'avait donné l'Abbé du Vide. Il s'en fallut de peu que je ne me levasse pour massacrer ces hommes qui étaient là.

Le Vénérable Ramag-Dorg se pencha vers moi et me demanda si je voyais une femme qui me plaisait. Il m'insinua cette question à sa manière en mastiquant une friandise afin que je le comprisse si je le voulais et que je pusse faire semblant de ne l'avoir pas compris si je le voulais.

Or il y avait là une femme couleur d'aube qui avait un corps très beau et puissant. Je ne voyais pas le visage de cette femme parce que ses cheveux le cachaient. Je décidai soudain de l'acheter, me disant que je l'emmènerais loin de Thûg-Norqâa et que je l'affranchirais et qu'au moins je la tirerais de cet enfer.

Connaissant à qui j'avais affaire, il me parut vain et ridicule de faire le grand Seigneur, et je dis que j'en voyais quelques-unes qui me plaisaient en montrant de grosses filles qui, je le pensais, devaient plaire au Vénérable Ramag-Dorg. Et lui, son petit œil jetait des étincelles, non seulement parce que je désignais des femmes qui lui plaisaient, mais aussi parce qu'il se plaisait à les imaginer dans mes bras et que cette pensée l'affriolait et l'excitait.

Il remua les lèvres et sa barbe remua, et il me chuchota des prix. Celle-ci valait deux térames, et celle-ci ne valait qu'un térame et trois torques parce qu'elle n'était pas vierge.

Je le laissai s'enferrer et discuter et palabrer et à lui tout seul il se mit à marchander, ajoutant et retranchant des besels et des tars, tandis que je ne faisais que froncer les sourcils et hocher la tête.

Quand il se fut bien enferré je lui demandai : « Et celle-ci ? » désignant la femme couleur d'aube. Il me dit avec une moue qu'elle valait, elle aussi, un térame et trois torques, mais que c'était un prix absurde parce qu'elle n'était pas belle et qu'en outre elle avait déjà vingt ans, et que pour une fille pareille, il ne donnerait qu'un térame.

Alors je le considérai en riant et je lui dis : « Vénérable Ramag-Dorg, obtiens cette femme pour un térame et je la prendrai. Car ce n'est après tout qu'une servante que je cherche et je n'ai pas besoin d'une Hour pour me rendre à Athènes par Erembûrz. »

Sans ajouter mot je sortis de la chambre et de la boutique. Je fus au marché des chevaux et j'achetai un bon cheval pour l'esclave et quelques jours plus tard je partis avec une dizaine de marchands illyriens et cette femme pour Athènes.

Nous suivîmes le rivage durant des nuits et des jours, mangeant de la viande séchée et du pain de seigle parce que nous craignions en faisant du feu d'attirer l'attention des Némurions. Bien que nous fussions au nord de l'Ornière, nous voyagions de nuit ou durant les heures incertaines quand la cendre se mêle à l'or.

Pendant ce voyage je me réconciliai avec la Nouvelle-Illyrie, j'appris à aimer ce pays et à en voir la beauté. Il y avait une très large grève et nous galopions près de la mer où le sable était dur.

Les marchands transportaient de petits outils, tels que des clous, des marteaux, des pinces, de sorte que les chevaux n'étaient pas excessivement chargés. Nous faisions de longues traites et nous allions vite.

Nous étions au début du printemps, qui est une saison qui ne dure point dans le Sud, mais ici j'en faisais la découverte et je m'en émerveillais. Je glorifiais l'Ourane qui donne aux hommes du Sud les belles nuits qui sont comme des opales et à ceux du Nord les belles journées éclairées par la roue du char de Habolaune.

Souvent je m'écartais de mes compagnons, et je galopais le long du rivage, et tantôt je regardais la mer et tantôt je regardais les montagnes.

La mer était violette et bleue avec des taches vertes, miroitante et étincelante et sur le rivage elle écumait et roulait et faisait un grand fracas et elle était comme du lait bouillant et les montagnes qui descendaient vers elle étaient couvertes de sapins et vertes, plus loin elles bleuissaient, plus loin elles s'argentaient, elles avaient des formes augustes et magnifiques, certaines portaient des robes de neige et dans les intervalles flottaient des vapeurs qui étaient comme des pattes de Dragon.

Quand je m'écartais pour galoper seul, mon esclave me suivait, demeurant toujours un peu en arrière. Au début cela me fâcha, mais comme elle ne disait mot je m'accoutumai à sa compagnie et son silence me plut.

Elle se nommait Prajna et elle avait été capturée par des brigands de Ma'arhat durant une razzia, vendue à des marchands de cette Province qui avaient décidé de la revendre à Thûg-Norqâa. Mais quant à sa vie et aux injustices qu'elle avait subies depuis sa captivité, je n'osai l'interroger, attendant que les circonstances s'y prêtassent.

Elle n'était point belle de visage, ayant comme un chat les yeux très écartés et le nez court, mais ses yeux étaient verts et pareils à des émeraudes et ses cheveux étaient clairs, et son corps était puissant. Ce n'était pas une femme qui laissait indifférent, mais on s'attachait à elle malgré qu'on en eût et à force de penser qu'elle était laide de visage on finissait par la trouver belle.

Les premières nuits je ne m'approchai point d'elle parce que nous étions encore dans le voisinage immédiat des Némurions et ne dormions que d'un œil, le glaive dans la main et sans dresser nos tentes.

Il faut te dire qu'en principe il n'y avait pas de craintes à avoir, parce que le Gouverneur de Thûg-Norqâa châtiait sévèrement les Némurions qui s'avisaient de molester les voyageurs, mais son pouvoir était intermittent et contesté et si dans Thûg-Norqâa même il y avait peu d'incidents, dans les régions voisines il n'en allait pas ainsi.

Le Gouverneur avait sous sa main des troupes qu'il envoyait périodiquement dans les montagnes chasser les brigands, mais comme ces troupes étaient elles-mêmes némurionnes, on ne pouvait guère en attendre appui et secours.

Ainsi, il y avait presque partout dans le diocèse une sorte d'oppression sourde et de crainte vague. Il y avait des Némurions dont les mœurs s'étaient adoucies et qui cultivaient le sol, mais la plupart demeuraient nomades et avaient de grands troupeaux qu'ils poussaient devant eux, cherchant des pâturages. Il y en avait beaucoup qui vivaient sur le dos des habitants dans des espèces de châteaux grossiers dans les montagnes. Ils guerroyaient contre le Gouverneur et pillaient aussi bien les gens de leur race que les Illyriens.

Lorsque je chevauchais avec les marchands, ils me contaient toutes sortes d'histoires horribles et grotesques, et me disaient que derrière ces montagnes que nous longions il y avait des terres plantureuses qui avaient été complètement ruinées et saccagées et de belles villes qui avaient été incendiées, de sorte que toute cette terre était peu à peu rentrée dans la sauvagerie. Des forêts s'y étaient élevées, et toutes les villes avaient été envahies et recouvertes par la végétation et transformées par les Némurions en des espèces de campements. On voyait le bétail paître dans des prés qui avaient autrefois été de belles places bordées de maisons riches et accortes.

Je m'étonnais que ces Némurions avec de pareilles mœurs fussent de tels hommes de guerre et qu'ils eussent réussi à s'implanter au beau milieu de l'Empire et qu'en ce moment encore les Provinces Extérieures cherchassent leur alliance contre toi.

Comme je m'en étonnais, l'un des marchands qui était un homme intelligent et fin me dit : « Mon Seigneur, ce ne sont pas les Némurions qui sont forts, ce sont les autres qui sont faibles et telle est la véritable raison du grand poids des Némurions dans l'Empire, et si ce qu'on dit du Nouvel-Empereur est vrai, il les chassera sans peine en dépit de leur nombre. »

Il ajouta : « Et toujours on nous apprend que l'Empereur Abraham a été vaincu à la bataille de Fornes et que les Némurions ont broyé son armée comme un tigre broie un agneau dans ses mâchoires, et que l'Empereur a dû paraître les pieds nus devant le Roi des Némurions et que ce Roi a ri de lui et l'a humilié. Mais, mon jeune Seigneur, ce qu'on oublie de dire, c'est que l'Empire était dans la paix et dans l'abondance, et qu'il n'y avait point eu de guerre dans tout l'Empire depuis Caracalla IX. Je te demande, mon jeune Seigneur, s'il n'est pas naturel dans ces conditions que les hommes oublient les arts de la guerre, et si le Dieu violent est adoré par des hommes qui ont oublié le poids de la cuirasse et qui n'ont plus les épaules rougies par la rouille qui se met dans les cottes de mailles ? »

Nos chevaux allaient l'amble le long du rivage, et j'écoutais le marchand qui avait un visage étroit et noblement modelé, et il poursuivit : « J'ai beaucoup étudié les historiens, et il y a un fait qui me paraît important dont on ne parle point et c'est l'accroissement des peuples dû à la paix et à l'abondance. Car durant les Siècles Heureux qui s'étendent de Caracalla IX au dernier Abrahamide, je constate que l'administration impériale se complique et se ramifie sans cesse, et qu'on fait d'une Province deux Provinces et que ces deux Provinces sont divisées en Diocèses, et cela n'est explicable que par la difficulté croissante du gouvernement due à la multiplication des hommes, et bien que je ne puisse le prouver je pense que la population de l'Empire a doublé et triplé durant les Siècles Heureux, de sorte que l'Empire a grandi hors de toute mesure sans que ses frontières reculassent, et cela a produit fatalement des dissensions et des difficultés et des tiraillements entre l'administration impériale et les administrations particulières qui tendaient naturellement vers l'indépendance, à cause que chaque Province était comme un Royaume à l'intérieur de l'Empire et un grand Royaume. Voici que des hordes venues de nulle part se sont jetées au travers de l'Empire, et que s'est-il passé ? On a laissé l'Empereur seul devant ces hordes avec les armées de l'Ita et de la Nouvelle-Illyrie et dans le Grand Domaine d'Occident les Souverains se sont enlisés dans des querelles de préséance, et ils ont pris tout leur temps pour envoyer des légions, et chacun prétendait combattre à sa façon et sous son propre étendard. Je te le dis, mon jeune Seigneur, telle a été la cause de Fornes, et cette bataille n'a point été perdue à cause de la puissance des Némurions, mais à cause de la faiblesse de Rûm. Et présentement, comme il y a peu de gens qui viennent dans l'Illyrie, pour voir de leurs propres yeux ce que sont les Némurions, on en parle beaucoup et l'on remue beaucoup l'air à leur sujet, et l'on dit que ce sont des géants qui mangent le cœur de leurs ennemis. On ne voit point que leur arrogance se fonde sur leur stupidité et parce que chacun d'eux est vaillant dans le carnage, on oublie qu'une armée petite mais bien organisée et menée par un homme énergique peut dissiper des millions d'hommes comme une nuée si chacun de ces hommes se bat pour lui seul et sans qu'il y ait de discipline et d'unité. »

Je fus grandement réconforté et soulagé par ces paroles et je demandai au marchand ce qu'il pensait du Nouvel-Empereur. Il me dit : « Nous ne recevons point ici de nouvelles sûres, mais ce qui me paraît certain, c'est que si l'Empereur a vraiment rétabli la religion militaire, il en ira des Némurions comme il en a été des Etrangers à l'époque du Dioclétide Constantin, et nous verrons de grandes choses, et toute cette puissance des Némurions, il la brisera comme du verre. »

Quelques jours plus tard nous arrivâmes aux ruines de Luctudonum qui avait été autrefois une ville de plaisance sur les bords de la Mer Orientale. Nous pûmes ralentir notre course et diminuer notre vigilance, parce que les Némurions ne venaient point jusqu'ici.

Je fus saisi en visitant ces ruines, car il en restait assez pour montrer que cette ville avait été belle, pleine de maisons gracieuses construites dans le style rûmien avec des toits inclinés et des colonnes, pleine aussi de statues, de temples et de monuments, et cette ville avait un port où l'on voyait encore des carcasses de vaisseaux. Tous les murs étaient couverts de mousse, et les avenues étaient noyées d'herbe et il y avait de grands arbres qui avaient poussé au milieu des maisons parmi les colonnes et dont la frondaison passait à travers les toits et il y avait des fontaines recouvertes de végétation qui étaient devenues comme de gros rochers verdoyants auxquels pendaient des barbes mouillées et dans les interstices on distinguait des ornements sculptés.

Sur les frontons et dans les cours poussaient des quantités de fleurs à cause du printemps et il y avait des statues qui se dressaient, les unes cassées, les autres intactes, qui avaient les épaules chargées de mousses mordorées et qui émergeaient d'un entortillement de lierres. Ici l'on distinguait une bouche souriante et là une main ouverte dans un geste de supplication.

Ces ruines n'étaient pas désertes, mais des Cruciens et des Mûsûls habitaient encore Luctudonum, qui avaient employé pour construire leurs maisons des blocs empruntés aux villas ruinées, et il y avait au milieu de ces villas une bourgade qui était comme une sorte de fort parce que toutes les maisons de l'enceinte avaient une muraille commune faisant la tour de la bourgade.

L'on y entrait par des portes fortifiées, et tout autour s'étendaient des champs et des prés mêlés à des restes de villas, et l'on voyait des vaches qui ruminaient parmi des colonnes et des arbres ou bien dans ce qui avait été autrefois une cour dallée il y avait des poules, des canards et des pintades. Ici et là on distinguait des dalles de marbre et aux murs à demi effondrés des peintures dont les couleurs s'étaient dégradées.

La plupart des habitants étaient Cruciens et au milieu de la bourgade se dressait un Temple qui était aussi un fort et une place de guerre. Je visitai ce Temple qui était plein de statues représentant les Dieux des Cruciens.

Ces statues étaient belles et singulières, car elles étaient entièrement couvertes de petits dés de marbre de diverses couleurs et les visages étaient faits de petits dés dorés et les barbes aussi et les draperies étaient faites de ces petits dés qu'on avait incrustés dans le ciment, parce que ces statues étaient modelées dans le ciment et ensuite entièrement recouvertes et incrustées.

Les Cruciens adorent Houênon sous deux formes et sous la forme de Miria elle est la Reine des Dieux et des Anges, et la Mère du Roi des Dieux, Is aux paumes trouées, et sous la forme de Magadalên elle est l'Effrontée et la Lascive.

Je me prosternai devant ces statues de Houênon qui étaient toutes scintillantes dans l'obscurité du Temple, et elles avaient des yeux de verre.

Il y avait là aussi les Douze Grands Dieux et pour les Cruciens le principal de ces Dieux est le Posidonien qui est figuré sous trois formes, celui de Zéfa, celui de Chimoh et celui de Pêtrû, et il est représenté tantôt comme un pêcheur avec un filet plein de poissons, tantôt comme un Empereur de Rûm mitré, et tantôt comme le Gardien des Cavernes de la Mer avec de grosses clefs.

Mais leur grand Dieu est Is, le fils de l'Ourane, qui est tantôt figuré sous les traits d'un enfant, tantôt sous ceux d'un homme qui étend les bras et tantôt sous ceux du Vengeur dans une attitude terrible.

Ils appellent le pain qu'ils mangent dans leurs cérémonies la Chair d'Is et ils appellent le vin qu'ils boivent le Sang d'Is. Ils croient qu'Is est descendu aux Enfers pour prêcher aux morts et qu'il est remonté des Enfers à l'instar du César Xûl et qu'ensuite il est remonté vers l'Ourane.

Les prêtres du Temple y nourrissaient des colombes blanches parce que les Cruciens regardent les colombes comme des oiseaux sacrés en qui séjourne l'esprit de l'Ourane.

Nous établîmes notre campement hors des murs et j'allai vers mes compagnons qui avaient dressé leurs tentes dans un champ public et fait des feux et il y avait beaucoup de curieux qui étaient là qui connaissaient ces marchands et qui devisaient avec eux et leur demandaient des nouvelles de Thûg-Norqâa.

Mes compagnons avaient acheté un mouton à l'un des bouchers du lieu, et le faisaient rôtir sur une broche. Ils avaient acheté du vin et du pain frais et ils étaient tout soulagés et réconfortés d'être arrivés sans encombre à Luctudonum.

Il en était qui avaient le torse nu et qui se lavaient et d'autres qui se taillaient la barbe et d'autres qui devisaient avec les habitants.

Comme je revenais du Temple des Cruciens, les ombres s'allongeaient, et les champs étaient pleins de fêterines et de boutons d'or et il y avait de larges traînées de lumière sur les champs et le ciel était plein de lumières de toutes les couleurs et c'était comme des voiles de safran, de jade et de pourpre. Mais je ne vis Prajna nulle part et je fus inquiet car je crus qu'elle s'était enfuie.

L'un des marchands me dit qu'elle n'avait point voulu dresser ma tente parmi les autres et qu'elle était allée plus loin. Je marchai dans la direction qu'il m'indiqua et je trouvai Prajna qui avait installé notre campement dans une ruine sur le bord d'un cours d'eau. Je fus étonné parce que durant mon absence elle avait arrangé toutes mes affaires comme seule une femme peut le faire. Il régnait dans cet enclos un air de propreté et comme une chaleur de l'âme.

Mon Seigneur, mon divin Frère, il y eut ici quelque chose de tout nouveau pour moi et qu'il me faut t'expliquer, bien que ce soit difficile.

J'eus le sentiment en entrant dans cet enclos que je rentrais chez moi, et ce fut, si bizarre que cela puisse paraître, la première fois que j'eus ce sentiment, car lorsque j'étais un Grand Ecolier dans Hagaptah, je rendais visite à mon père dans sa Terre de Ham, et bien que je fusse né dans sa maison et que j'y eusse passé mon enfance, c'était sa maison plutôt que la mienne.

Ensuite j'avais été un errant et un voyageur et je n'avais jamais eu un toit que je pusse vraiment considérer comme mien. Et voici dans cette ruine que j'avais cette impression, bien que le toit en fût à demi effondré et que de grosses pierres encombrassent le sol.

Prajna avait étalé nos couvertures sur un tas de foin qui se trouvait là dans un coin de l'enclos, sous la partie du toit qui était intacte. Elle n'avait point dressé la tente, mais elle l'avait déroulée pour en faire un rideau qu'elle avait jeté sur une poutre de sorte que nous eussions comme une petite chambre, et elle avait arrangé les selles de nos chevaux comme des sièges.

Elle avait fait le feu et emprunté un chaudron à l'un des habitants de la bourgade pour chauffer de l'eau et elle avait cueilli des fleurs et mis ces fleurs en gerbes avec des feuilles de platane dans des pots qu'elle avait trouvés. En outre, elle avait fabriqué une sorte de balai avec des branchages et balayé le sol.

Ce n'était rien sans doute, mais la cendre se mêlait à l'or et le feu jetait une lumière plus vive, sifflait et dansait, éclairant les pierres et les poutres alors que l'ombre s'épaississait et Prajna avait disposé deux plats en étain sur un bloc de pierre et rempli d'eau une cruche, et sur ce bloc de pierre il y avait du pain frais, des gobelets d'étain et des fleurs. Dans les braises cuisaient deux poulets enveloppés de feuilles et farcis d'herbes aromatiques et il me semblait que je rentrais chez moi.

Prajna portait une longue robe verte que je lui avais achetée à Thûg-Norqâa à cause de la couleur de ses yeux. Cette robe laissait nus les bras qui étaient beaux et elle avait assemblé ses cheveux au sommet de sa tête pour former un chignon qu'elle avait fixé au moyen d'un brin d'osier et je voyais son cou puissant et il y avait sur sa nuque comme des fils d'or.

Quand je survins elle était en train de raviver le feu, elle était à genoux et le feu mettait une lumière sur ses pommettes qui étaient larges.

Durant des jours et des nuits j'avais vécu avec elle comme un frère, et dormi près d'elle sans la toucher parce que nous passions les heures du sommeil avec les marchands et resserrés les uns près des autres, de sorte qu'il y avait entre nous comme une intimité qui n'en était pas une.

Je l'avais vue endormie et dans l'abandon du sommeil sans que nous eussions échangé le lys et la rose, et sans doute m'avait-elle vu aussi. Mais c'était la première fois que nous étions seuls et voici que j'étais embarrassé devant Prajna, et c'était une situation singulière, car je l'avais vue dans sa nudité dans la boutique de Ramag-Dorg, et depuis il n'y avait point eu de commerce amoureux entre nous, mais je connaissais son corps, ses attitudes et ses façons et il y avait cette familiarité entre nous qui était presque celle qu'il y a entre gens qui forment un couple qui pourtant n'était point une familiarité de cette espèce parce que nous n'avions pas adoré la

Phrodite ensemble à la façon des hommes et des femmes.

Mon Seigneur, mon divin Frère, j'étais embarrassé aussi parce que je ne voulais point traiter Prajna comme une esclave, l'ayant achetée afin de l'affranchir, et que je ne voulais point en user avec elle comme un maître et m'imposer à elle, mais d'autre part je ne pouvais me cacher que je la désirais et que la tentation était vive et faire justement cela que je ne voulais pas faire.

Je me disais : « J'irai vers cette femme et je prendrai mon plaisir avec elle, et certes elle s'attend que j'agisse de la sorte, puisque je l'ai achetée pour cela, et je ne suis assurément pas le premier à l'avoir ainsi traitée car son corps est beau bien que son visage ne le soit guère. J'irai donc vers Prajna et de toute façon le moment n'est pas venu de l'affranchir, car si elle demeurait ici, à Luctudonum, que ferait-elle et que deviendrait-elle ? Mais j'attendrai pour l'affranchir que nous soyons à Erembûrz-Datên et dans un lieu où elle pourra vivre honorablement. »

Pendant que je pensais ces pensées je regardais ses beaux bras, son cou et ces petits duvets qui se courbaient et recourbaient sur sa nuque, et je voyais les pointes de sa gorge soulever sa robe et la rondeur de sa hanche à travers les plis du tissu.

Elle, elle ne disait mot, mais elle contemplait le feu et l'on eût dit que des flammes vertes dansaient entre ses paupières, tandis que la nuit venait, et que l'eau se mettait à bouillir dans le chaudron et grondait doucement.

Or c'était une nuit sacrée et Thana chassait l'ours dans les Royaumes du Septentrion. L'Athénade au bouclier vivant se levait tard et c'était durant une nuit toute pareille que Nezamh était venue entre mes bras pour la première fois.

Je me levai et je me dirigeai vers la partie de

l'enclos qui n'avait plus de toit, et voici ! le Lieu des Nombres était dévoilé, bien que le reflet de la roue du char de Habolaune fût encore visible du côté de l'Occident.

Je me souvins des paroles que Nezamh avait dites et je me souvins que dans le Pays de Budh on croit que l'esprit de Valoqi Teh Chvar pénètre dans les femmes durant les nuits sacrées, de sorte que chacune est Quounnine pour l'homme qui l'aime, et Quounnine est le nom que prend Valoqi Teh Chvar quand il descend vers les hommes.

Je me dis alors : « Voici ! Je traite Prajna mon esclave exactement comme j'ai traité Nezamh et je ne songe qu'à mon propre plaisir, sans me demander si Prajna veut ou ne veut pas de moi, ou si je lui plais ou ne lui plais pas, et je crois que le Grand Joyau ne brille que pour moi seul. Et mes dehors sont doux, mais je suis un homme âpre et méprisable. »

Je contemplai le Lieu des Nombres et les étoiles par milliers et par centaines de milliers.

A mesure que s'effaçaient les reflets de Râ elles devenaient plus brillantes et de nouvelles étoiles paraissaient et encore d'autres et l'on eût dit qu'il n'y avait pas assez d'espace dans le ciel pour les contenir toutes et les unes paraissaient proches et les autres lointaines et certaines palpitaient et les autres avaient une lumière fixe.

Lorsque je me retournai, Prajna avait enlevé le chaudron du feu. Elle était nue et se lavait comme si je n'eusse point été là. Elle me tournait le dos et le feu jetait sur sa croupe une lumière riche et tremblante et comme elle était toute mouillée elle resplendissait.

Je fus saisi et émerveillé et je me dis : « Qu'y a-t-il donc entre les femmes et moi pour qu'il y ait toujours tant de beauté devant mes yeux ? Et cette beauté est comme un don que me fait la Phrodite et comme une tentation parce que je ne puis jamais agir simplement comme le font les autres hommes, mais avec toutes les femmes j'ai des rapports complexes et singuliers et ce sont toujours des femmes que le malheur a frappées et meurtries et des femmes qui ont un sort dur et amer. »

Prajna se tourna, vit que je la regardais, et me dit : « Mon Seigneur, profite de cette eau qui est chaude, et viens te laver, car tu as été durant des jours et des nuits sous les armes et tu as transpiré dans tes vêtements. »

Elle prit une serviette et s'en frotta, et elle paraissait aussi peu troublée que si j'eusse été une femme ou elle un garçon. De fait, bien que ses formes fussent plantureuses et que ses hanches fussent larges, elle avait des attitudes et des gestes de garçon, quelque chose de vif et de franc dans les mouvements, sans aucune coquetterie.

Or je lui dis : « Prajna, sors donc de cet enclos pendant que je me lave et ne me regarde pas, parce que je ne suis pas habitué à avoir une femme qui me regarde lorsque je suis nu. »

Prajna dit : « Comme tu voudras, mon Seigneur. » Elle acheva de se sécher, mit sa robe, jeta une peau de mouton sur son épaule, parce que la nuit était froide, et sortit de l'enclos.

Quand je me fus lavé, je l'appelai. Les poulets étaient cuits et nous les mangeâmes et nous bûmes du vin clair que Prajna avait mis à rafraîchir dans la rivière et nous mangeâmes le pain frais qui était très savoureux parce que le blé est beau dans ce pays et que la terre est fertile.

Ainsi que je te l'ai dit, Prajna avait une nature taciturne, et durant ce repas elle ne dit mot, mais je remarquai qu'elle mangeait avec une sorte de plaisir féroce, comme si elle eût longtemps souffert de la faim.

Je lui demandai si dans son pays on regardait comme sacrées les nuits durant lesquelles l'Athénade se lève tard quand Thana chasse l'ours dans les Royaumes du Septentrion. Elle me dit : « Mon Seigneur, dans mon pays on adore Ahûra Mazhd, et l'on ne connaît point beaucoup les choses de la nuit. » Mais elle ne dit point davantage.

Je fus de nouveau empêtré dans moi-même, ne sachant comment lui parler, divisé entre le désir que j'avais d'elle et celui que j'avais d'agir comme un homme honorable. Comme l'embarras et la confusion sont choses que je déteste, je résolus d'en finir vite, et bien que mon cœur saignât, je dis à Prajna : « Prajna, je ne t'ai point achetée pour faire de toi mon esclave, mais pour t'affranchir et voici que nous sommes hors de danger et je t'affranchis. Demain, avant mon départ, j'irai vers le Municipe et je remplirai les documents nécessaires et tu seras libre devant les hommes comme tu l'es dès à présent devant moi. »

J'eus alors l'une des plus grandes surprises de ma vie, car Prajna ne marqua aucune espèce de joie, et son expression ne changea point, mais elle dit simplement : « Comme tu voudras, mon Seigneur » exactement comme si, au lieu de lui rendre sa liberté, je lui eusse proposé de faire une promenade à cheval.

Elle posa la carcasse sur l'assiette en étain qui était devant elle, appuya les coudes sur le bloc de pierre qui faisait office de table, en tenant les mains levées et les doigts écartés, car ils étaient couverts de graisse, et elle me regarda en mastiquant avec gravité, et elle me regarda comme on regarde un paysage. Je veux dire par là qu'elle me regarda comme si je n'eusse point eu d'yeux pour la voir, mais comme si elle se fût dit comme on se dit quand on contemple un paysage du haut d'une colline : « Voilà le nez, et voilà la bouche. »

J'étais déconcerté, mon Seigneur, mon divin Frère, et je ne savais ni que penser ni que faire, et je la regardais aussi.

J'étais frappé par sa physionomie qui était telle que celle d'un chat à cause de la largeur des pommettes et à cause du menton qui était rond et resserré sous le visage comme celui d'un chat avec quelque chose de dominateur.

Ses yeux étaient larges et obliques et rayonnaient sur moi sans paraître voir autre chose que la surface de mon être, comme si je n'eusse point été là, mais comme si j'eusse été une image et que je n'eusse point été capable de la voir.

Enfin elle secoua la tête, soupira et dit : « Mon Seigneur » d'une voix rêveuse.

Elle baissa la tête et considéra un moment la carcasse du poulet devant elle et ses doigts étaient toujours écartés à cause de la graisse. Un pli se forma entre ses sourcils, comme si elle eût été légèrement courroucée. Elle se tourna à demi, prit un chiffon qui était posé sur la corne de sa selle et s'essuya les mains. Alors, elle dit de nouveau : « Mon Seigneur » de cette voix rêveuse qu'elle avait.

Je ne sus trouver qu'une parole banale, parce que j'étais dans la confusion, et je lui dis : « N'es-tu pas heureuse d'être libre ? »

Un pli parut entre ses sourcils et ses sourcils se rapprochèrent et se froncèrent et je vis comme deux lances de feu jaillir de ses orbites. Elle retroussa sa lèvre comme une tigresse, gronda et murmura dans un souffle, qui était comme un feulement : « Tu en aimes une autre, et c'est à cette femme que tu parles, et moi je n'ai que faire des cadeaux que tu fais à une autre ! » Elle bondit sur ses pieds et s'en fut hors de l'enclos dans la nuit.

Je demeurai là, devant nos carcasses de poulet, comme si j'eusse reçu un coup dans le dos qui eût expulsé le souffle de ma poitrine et un coup sur la tête qui m'eût étourdi.

En se levant, Prajna avait heurté le flacon de vin qui était sur le bloc de pierre et ce flacon était tombé dans son assiette. Le vin ruisselait sur les plats et mouillait le pain.

Je redressai le flacon dans un geste mécanique, me levai à mon tour et tournai les yeux vers le trou du mur par lequel Prajna était sortie, mais le feu faisait comme un rideau lumineux et je ne vis rien au-delà que de l'obscurité. J'entendis seulement nos chevaux souffler et se frotter les uns contre les autres.

Je me levai et, comme je craignais les voleurs, je pris ma bourse et le glaive que m'avait donné l'Abbé du Vide. Je sortis de l'enclos et je vis le ventre et les cuisses des chevaux dans la lumière qui venait du feu et au-delà il semblait n'y avoir rien.

Je m'éloignai du campement, et tendis l'oreille, croyant entendre le pas de Prajna dans l'herbe, mais quand j'arrivai à l'endroit d'où venait ce bruit, je ne la trouvai point et la nuit était très noire et angoissante.

J'appelai, mais Prajna ne répondit point. Je continuai à la chercher et à mesure que mes yeux s'habituaient à l'obscurité il me sembla que je devais la retrouver, mais au bout de quelque temps je perdis courage parce que les ruines étaient nombreuses et il y avait toutes sortes de coins où l'on pouvait se cacher.

Je trébuchais sur des pierres qui étaient dans l'herbe et sur des racines. Il y avait partout des murs, des arbres, des fragments de colonne. Il y avait aussi des barrières élevées par les habitants de la bourgade pour empêcher le bétail de s'égailler, et il y avait des statues qui gisaient sur le sol et qui étaient couvertes de ronces et des statues debout sur leur socle qui étaient couvertes de lierres et de fleurs.

Au loin, je voyais des feux, qui étaient ceux de mes compagnons. Je me rapprochai de ces feux, pensant que Prajna s'était jointe à nos compagnons, mais ils étaient en train de rire et de faire de la musique et elle n'était pas là.

Comme je m'éloignais du campement, voici ! Il me sembla que l'âme de l'Abbesse marchait à mes côtés, et que la Face Radieuse était là qui me regardait avec ses yeux pleins de l'esprit de l'Ourane. Mon angoisse s'envola, et il me sembla que l'Univers était une grande maison, et que l'on pouvait parfois s'y égarer, parce que c'était une grande maison qui avait beaucoup de chambres, de greniers, de couloirs, de caves, de terrasses et d'escaliers, mais qu'on finissait toujours par s'y retrouver. Mon angoisse s'envola et je glorifiai l'Ourane.

Je pensai que Prajna errait dans cette nuit comme moi et sous toutes ces étoiles qui semblaient tomber éternellement vers la Terre et que c'était la même nuit qui nous enveloppait tous deux, si elle errait dans ses pensées et moi dans les miennes.

Je m'arrêtai et je respirai. Bien que la nuit fût froide elle était pleine de vie. J'adressai une prière à l'Ourane et comme nous étions dans une ville des Cruciens, j'en adressai une à Is et je dis : « Is, tu es venu sur la Terre comme Valoqi Teh Chvar pour éclairer les hommes et pour les pacifier. Et Miria ta mère, tu sais que je l'adore sous le nom de Houênon aux belles cuisses et je vois que pour me guider vers l'Ourane tu as choisi pour moi une main de femme, de sorte que j'ai toujours une main de femme qui me montre le chemin, et ce chemin me paraît obscur et redoutable, mais il y a toujours cette main de femme qui est celle de Houênon et qui est une main de lumière. Il en vient de l'abondance et aussi de la douleur, parce que je suis un homme ignorant et que je ne connais point les voies de l'Ourane, mais je tremble devant son Mystère. Or voici que je te rends grâces, Is, Dieu des Cruciens, et que je rends grâces à Miria ta mère et à Magadalên qui est la Déesse de l'amour. »

Quand j'eus fait cette prière, il me sembla que la Face Radieuse me quittait. Un souffle léger traversa les champs, allant vers le Sud.

Je retournai vers l'enclos et je vis que le feu avait baissé. Je n'y ajoutai point de bûches, mais je me dévêtis et je me glissai derrière la tenture où Prajna avait fait une couche dans le foin.

Je pensais que j'étais seul, et j'étais heureux, étendu dans ce lieu très obscur sous des lainages et des fourrures. Une fatigue me remplissait et j'entrais dans le sommeil quand il y eut un mouvement à mes côtés et c'était Prajna qui était là tapie dans l'obscurité. Soudain elle bondit sur moi, me tint sous elle sans un mot, et son souffle erra sur mon visage.

Il y avait en elle une puissance sauvage et silencieuse et elle était sur moi comme une bête dangereuse qui a des crocs et des griffes et elle me flairait et m'écrasait.

Je voulus la renverser, mais je ne le pus, car elle était étendue sur moi et me dominait. C'était une femme grande qui avait les épaules plus larges que les hanches et une force grande comme si elle eût été une guerrière. Ce n'était point un être qu'on pousse et qu'on retourne comme on veut, mais je n'eusse pas eu trop de toute ma force pour la maîtriser.

Son ventre appuyait durement sur le mien et sur le Dieu aveugle qui s'était levé et qui palpitait entre son ventre et le mien. Et elle, elle ne paraissait pas le remarquer, mais elle avait les bras appuyés sur mes bras de façon que je ne pusse bouger. Elle baissait le visage et me flairait comme une bête. Ses cheveux tombaient sur mon front et mes yeux.

Je demeurai immobile la laissant faire, et soudain

je me cabrai et la renversai. Les couvertures tombèrent et nous fûmes nus et accolés dans le froid. Il y eut entre nous comme une sauvagerie, et quand Min entra dans le sanctuaire, Prajna feula comme une tigresse, elle ne m'embrassa point et ne me baisa point sur la bouche, mais elle prit ma tête dans ses bras et me serra contre son épaule.

Il y avait je ne sais quoi d'exaltant à être ainsi nue à nu dans le froid, et à plonger dans cette femme qui était si féroce et si puissante, qui grondait, feulait et me serrait comme si elle eût voulu m'étrangler et qui était méchante et brutale dans l'amour, et qui ne disait mot, de sorte qu'on avait le sentiment qu'elle ignorait la langue des hommes.

L'Athénade se leva et Prajna se mit sur les genoux, sortit en rampant de l'alcôve où nous étions, se mit debout et raviva le feu.

Je sortis à mon tour de l'alcôve en grelottant parce que le froid était intense et je me roulai dans une fourrure, mais Prajna demeura nue et l'on eût dit qu'elle ne sentait point le froid.

Maintenant elle avait l'air repue et satisfaite et elle allait et venait en se peignant les cheveux qui étaient clairs comme sa peau et tels que de l'avoine et très curieux pour moi parce que dans le Sud les cheveux clairs sont inconnus.

Les boucles qui recouvraient le sanctuaire étaient comme un buisson roussi par l'automne ou comme le feu d'une torche et Prajna avait des muscles qui étaient presque comme ceux d'un homme et qui n'étaient point comme ils le sont ordinairement chez les femmes enveloppées de graisse.

Avec cela elle avait un bassin profond fait pour porter des enfants, le sein rond et dur avec une pointe qui saillait comme un bouchon. Sa peau était de la même couleur que le ciel au lever de Râ et d'une fraîcheur merveilleuse.

Maintenant qu'elle était repue et satisfaite elle avait enfin une chose à me dire. Elle se retourna vers moi avec un rire méchant en se peignant les cheveux et me dit : « Et quant à cette femme que tu aimes, tu peux lui faire des cadeaux. Mais à moi tu ne peux m'en faire. »

Elle prit alors le pain qui était resté sur le bloc de pierre, entre nos deux selles, mais elle vit qu'il était trempé de vin, fit une moue et le jeta dans le feu. Elle y jeta aussi les restes des poulets qui crépitèrent et crachèrent à cause de la graisse et elle rit de son rire méchant.

Le désir me saisit de nouveau, je pris Prajna par les poignets et l'attirai vers l'alcôve. Jusqu'au lever de Râ nous fûmes tels que deux panthères dans la forêt.

Il fallut à notre petite caravane trois semaines pour atteindre Erembûrz-Datên qui est une longue plaine onduleuse et fertile de tous côtés entourée de montagnes et il y a parmi ces plaines de beaux lacs riches en poissons et dans cette région les Némurions n'ont jamais pénétré.

Il y a peut-être un million d'hommes qui habitent sur cette plaine et qui cultivent le sol qui est riche et plantureux et ils sont disséminés dans des villages et dans de petites villes.

Dans cette région toute l'administration impériale est demeurée à peu près telle qu'elle était avant Abraham XIV. Dans chaque ville il y a un Temple où est célébrée la grandeur de Rûm et la religion militaire est observée telle qu'elle a été établie par le Dioclétide Constantin.

Seul le fer manque dans cette région, de sorte que

ce sont surtout des armes, des clous, des marteaux, des socs et des enclumes que les marchands venus de Thûg-Norqâa y apportent quand ils le peuvent, mais cela ne se fait pas souvent parce que de grands convois sont difficiles à arranger.

Tous les hommes portent les armes et ont chez eux une cuirasse, un casque et un glaive, pour défendre le pays en cas d'une attaque némurionne. Chaque homme valide s'exerce aux armes et le pays est gouverné par le Pontife de la religion militaire et les villes sont gouvernées par des Episcopes.

Dans cette région, à cause de la rareté du fer, on est devenu très habile à l'arc. Il y a des manipules formés exclusivement d'archers qui ont de très grands arcs.

Pour atteindre cette région il faut traverser un pays escarpé, coupé de ravines, où il y a des cascades et des cataractes et toutes sortes de dangers et des sapins énormes qui poussent sur les pentes de ces montagnes, lesquelles sont très fortes et raides. Il y a des avalanches, du brouillard, des orages formidables.

Là vivent des ours et des sangliers, et aussi des cerfs et quelquefois des tigres des montagnes qui sont blancs comme la neige avec la tête et le dos couverts de stries dorées et noires et leur pelage est très épais.

A l'entrée des plaines est construit un énorme château dont le front barre entièrement l'ouverture de la vallée de sorte que tout danger venant des Némurions paraît exclu.

Mon Seigneur, mon divin Frère, à Erembûrz-Datên je compris ce qu'avait dû être la Nouvelle-Illyrie avant l'invasion némurionne. Ce lieu est à l'abri des vents de sorte qu'on y voit quelques arbres du Sud, tels que des figuiers et des palmiers, mais on y voit surtout des chênes, des érables, des bouleaux blancs et des ormes. Le raisin de cette région est savoureux, mais il n'est pas bon pour le vin et l'on y boit surtout de la cervoise et du lait.

On voit dans les villages des Temples mûsûls et parfois des Temples cruciens et ces villages sont jolis et gais. Il n'y a point à Erembûrz-Datên cet esprit douteux et interlope qu'il y a à Thûg-Norqâa et dans les autres régions dominées par les Némurions.

A mesure que nous avancions, notre caravane diminuait, car l'un allait de ce côté et l'autre de l'autre, et voici que nous nous trouvâmes seuls, Prajna et moi, cheminant toujours sur nos chevaux dans ce milieu du printemps, alors que le blé était encore comme du verre et que les pommes et les poires étaient grosses comme des noix. Il y avait dans le ciel de vastes nuages pareils à des vaches.

Ce fut durant cette partie de mon voyage que je vis les fêtes dont je t'ai parlé qui me rappelèrent celle à laquelle j'avais assisté avec le Dioclétide Amon lors de la libération de Neyâ.

Parfois je m'attendais à voir le Vénérable Zihara-Daq Hini paraître au seuil d'une maison, car je reconnaissais partout le Quartier des Illyriens et les charmantes maisons, et les hommes avec leurs barbes qui avaient souvent le nez comme la coquille d'un escargot et les femmes avec leurs toques, leurs gilets brodés et leurs pantalons bouffants.

Quand il y avait un marché dans les villages, je demandais à Prajna : « Veux-tu ceci ? Veux-tu cela ? » Mais elle refusait toujours avec une espèce de dédain.

Un matin, comme nous visitions l'un de ces marchés, je remarquai qu'elle regardait un petit luth. Je ne lui demandai pas son avis, mais j'achetai ce luth et quand je le lui donnai, elle rougit violemment et le pli du courroux se dessina entre ses sourcils, mais elle prit le luth, qui avait un étui de cuir et une bandoulière, le mit sur son épaule et le porta tous les jours, sans toutefois en jouer.

Je l'observais à la dérobée et je réfléchissais, cherchant à comprendre cette femme, mais cela était à peu près impossible à cause de son silence. Elle pouvait passer des jours et des nuits sans souffler mot et, quand elle ouvrait la bouche, c'était toujours pour parler d'affaires pratiques et sans intérêt.

Lorsque nous adorions la Phrodite, elle était toujours violente, impétueuse et dévorante, mais elle n'avait aucune parole tendre à me dire et lorsque je l'embrassais sur la bouche elle ne répondait pas à mon baiser.

Pour ce qui était de l'existence journalière, c'était elle qui s'occupait de tout, et même qui bouchonnait les chevaux, les pansait et les sellait, et quand nous campions, c'était elle qui faisait le feu, cherchait l'eau, dressait la tente. Tout cela elle le faisait vivement et comme en se jouant.

Il arrivait seulement parfois qu'elle s'arrêtât, levât les yeux de son travail, regardât les nuages ou le rayonnement des deux Lunes. Un sourire très doux l'éclairait alors, et elle demeurait un moment pensive.

Nous arrivâmes enfin au village de Zahra, à partir duquel commençait la partie réellement hasardeuse de notre voyage.

De ce bourg partait un sentier qui traversait la région montagneuse séparant Erembûrz-Datên de la grande plaine qui forme le milieu de la Nouvelle-Illyrie, plaine au centre de laquelle se trouve la ville principale qui est aussi la capitale et la résidence du Roi des Némurions, qui est Varm.

Au bout de cette plaine il y a le port d'Athènes qui

domine le détroit de Bérénice et d'où il est facile de gagner Rûm.

Il nous fallait suivre ce sentier et traverser toute cette montagne, ce qui était déjà difficile et périlleux. Ensuite il fallait par un moyen ou par un autre gagner Varm, ce qui était si possible plus périlleux et difficile encore, et de là Athènes et la mer.

Je pus voir l'Episcope de Zahra et lui expliquai mon affaire.

L'Episcope fit appeler l'Imam du Temple voisin et quand je lui eus expliqué mon dessein il parut très soucieux. L'Episcope et lui étaient tous deux venus dans les ans. C'étaient des hommes sages et prudents, barbus comme le sont les Illyriens, et leurs barbes à tous deux étaient blanches. Ils portaient des turbans argentés, des vêtements aux manches amples et des pantoufles de cuir doux. L'Episcope avait pardessus sa robe une tunique de soie verte, et l'Imam avait de gros sourcils qui étaient restés noirs et la mine d'un homme dont la santé est chancelante.

L'Imam me dit : « Mon fils, il peut fort bien ne rien t'arriver, mais il se peut aussi que tu sois pris par une bande de Némurions en mettant le pied sur la plaine, et alors que Laha t'aide ! car ce sont des hommes sanguinaires et qui aiment les jeux cruels. Ils peuvent t'émasculer ou te crever les yeux ou te faire pis encore, parce que l'imagination des hommes cruels n'a pas de limites, et la méchanceté quand elle se met dans l'homme a une sorte de pouvoir magique et elle féconde l'imagination et donne toutes sortes d'idées monstrueuses. Je tremble pour toi et pour ta compagne quand je pense à ce qui peut t'arriver si tu tombes entre les mains de ces gens. Et je ne te dis pas des paroles en l'air, mais j'ai vu des choses atroces dans mon enfance et mon propre père a été torturé sous mes yeux par les Némurions et ceci, mon fils, a mis comme un poison dans mon âme et bien que je sois âgé, le souvenir de ce que j'ai vu est vivant comme si cela avait eu lieu hier. Je te le dis, mon fils, l'imagination des hommes violents est la chose dans l'Univers tout entier qui est la plus monstrueuse, et quand on me demande ce que c'est que l'esprit d'Iblis, je réponds toujours que c'est l'imagination dans la cruauté. Mon fils, je suis un prêtre de Laha et un serviteur de Ma'ahmûd et je pense que les gens d'ici te diront que je fais le bien et que je sers fidèlement ma religion. Mais, comme je vois par ta physionomie que tu as vu le carnage et que tu connais le mal, je puis te l'avouer : devant la cruauté, je doute parfois de Laha le Clément et le Miséricordieux, et qu'il me pardonne ce doute. Alors, je tremble en pensant aux dangers que tu te prépares à affronter, et je n'arrive pas à comprendre comment on t'a permis à Thûg-Norqâa de tenter une entreprise semblable, parce que tu aurais dû attendre la décrue du Deubh'n et partir pour Varm et Athènes avec les Cavaliers Royaux. Et voici que tu as fait les trois quarts et plus du chemin et que le dernier quart est de loin le plus terrible, car jusqu'ici tu n'as affronté que des périls à la taille et à la mesure de l'homme, mais maintenant tu en viens à fouler la langue même d'Ounêbo et à entrer dans sa gueule. »

Ce discours me troubla grandement et m'effraya, parce que l'Imam était un homme grave. Il me parut qu'il ne cherchait pas à me dissuader de poursuivre mon voyage par goût de l'exagération, mais parce qu'il pensait vraiment que l'entreprise était folle et sans espoir.

Mon Seigneur, mon divin Frère, j'ai souvent observé que les hommes mettent leur vanité partout, et ce sont gens dont seule la vanité est grande, et tout le reste est mesquin et faible. Ces hommes, quand on leur fait part d'un projet qu'on a, font tout ce qu'ils peuvent pour vous dissuader, non qu'ils se soucient de votre sort, mais parce qu'ils aiment décourager et effrayer, parce que cela satisfait leur vanité.

Mais il me sembla que l'Imam n'était pas ainsi. Il y avait dans son discours une partie qui me frappait particulièrement et j'étais étonné qu'il eût vu directement que je connaissais l'horreur du carnage, et qu'il eût discerné cela dans ma physionomie, sans que j'eusse parlé du Grand Temple des Rûmiens et des abominations auxquelles j'avais assisté et participé dans ce Temple.

Je montrai à l'Imam et à l'Episcope le glaive que m'avait donné l'Abbé du Vide et lorsque l'Imam l'eut examiné il fut extrêmement surpris, et me dit : « Mon fils, ceci est un glaive sacré, et seul peut forger un glaive semblable un homme pur et qui connaît les voies de l'Ourane. Tu as bien fait de nous montrer ce glaive, et je te remercie au nom de Laha, et puisque tu nous l'as montré, il se peut que demain nous ayons quelque chose à te dire au sujet de ton voyage. »

Je revins à l'auberge assez content de moi, car il me semblait que j'avais eu une inspiration heureuse lorsque j'avais montré mon glaive à l'Imam.

Comme je réfléchissais et me félicitais d'avoir eu cette inspiration, il m'apparut que j'ignorais ce qui m'avait incité à faire ce geste, et que l'idée de montrer mon glaive n'était pas vraiment venue de moi, mais que j'avais obéi à quelque voix secrète.

Je fus étonné par ceci, cherchant à comprendre pourquoi j'avais soudain détaché ce glaive de ma ceinture pour le présenter aux deux respectables vieillards. Il me sembla qu'en agissant de la sorte j'avais reçu comme un ordre de l'Abbé du Vide, bien que je n'eusse nullement senti sa présence en ce moment-là, mais mon geste avait été spontané et comme instinctif.

Thana était levée, mais le bouclier vivant de l'Athénade était encore caché derrière les montagnes. L'auberge était toute bleue dans l'obscurité. On eût dit un ballot de laine qui luisait faiblement dans la nuit.

Soudain Prajna fut devant moi et elle courut à moi et m'étreignit en sanglotant. Elle portait sa robe verte et ses pieds étaient nus. Elle sanglotait et me serrait dans ses beaux bras.

Nous entrâmes dans l'auberge et l'aubergiste vint à nous en riant et dit : « Ah ! mon Seigneur, j'ai tenté de la pacifier et je lui ai dit qu'il n'y avait point de crainte à avoir, parce que tu étais chez l'Episcope, mais elle n'a point voulu entendre ! » La femme de l'aubergiste vint aussi, en riant et en secouant la tête. Elle dit : « Je lui ai bien dit que tu allais rentrer, mon Seigneur ! »

Encore une fois j'eus cette sensation dont je t'ai déjà parlé, cette sensation de rentrer chez moi, et cette pensée qu'il y avait sur la Terre cet être qui m'attendait et s'impatientait et s'angoissait me fut douce comme la saveur de la mangue.

Durant tout le repas Prajna demeura serrée contre moi, sa hanche contre ma hanche et son genou contre mon genou. Parfois elle levait la main et me touchait le visage comme pour vérifier que j'étais bien là. Je fus ému par ces façons plus que je ne saurais le dire parce que personne ne m'avait jamais attendu et désiré ainsi.

Le lendemain, je me rendis de nouveau chez l'Episcope et j'y trouvai, outre l'Imam, le sage Omar Ibn Zarûqqâ qui était transparent à force d'être frêle et vieux et qui n'était plus qu'un peu de barbe répandue sur des ossements. Il était comme une cigogne à cause de la longueur de son nez et semblait perché sur sa canne comme une cigogne sur sa patte.

Sa voix était à peine un souffle et semblait traverser le mur qui sépare les morts des vivants.

Bien que l'Episcope et l'Imam fussent venus dans les ans, ils semblaient de jeune hommes par comparaison au sage Omar Ibn Zarûqqâ.

Mais lorsque mon regard rencontra celui du sage Omar, je fus déconcerté parce que ce regard était jeune et doux. On eût dit qu'il avait des fleurs dans les yeux. Il était trop faible pour tenir mon glaive dans ses mains, mais il me pria de le poser sur la table devant lui, et le regarda, le toucha de son doigt et de son ongle. Quand il eut fini de l'examiner, il dit :

« Mon fils, il y a des saints qui vivent dans la montagne, et ceci est un grand secret que je te révèle, parce que la plupart des habitants d'Erembûrz-Datên ignorent leur existence et, quant aux étrangers, nous nous gardons de leur en parler. Mais ici, à Zahra, nous les aimons et les vénérons, ces saints qui vivent dans la montagne, et ils viennent de toutes les parties de la Nouvelle-Illyrie, poussés par l'esprit de l'Ourane qui est adoré par nous sous le nom de Laha. Et même il en est qui viennent d'ailleurs et nul ne sait comment ces hommes mystérieux arrivent à Zahra, et quelquefois ils viennent des Royaumes Etrangers, et ils sont pleins de l'esprit de Laha. Ce sont des hommes augustes et moi que l'on dit sage, je ne suis pas digne de leur laver les pieds. Quand un de ces saints arrive dans le village, nous le reconnaissons tout de suite parce qu'il est différent des hommes ordinaires, et il connaît le chemin de la vallée sainte, mais nous l'escortons jusqu'à l'ermitage qui est dans cette vallée et les saints nous bénissent, et nous, nous leur présentons des fruits et des laitages. »

Quand il eut dit cela, il se tut parce que le souffle lui manquait. Mais il reprit et dit : « Mon fils, ces saints savent comment traverser les lieux occupés par les Némurions sans être vus ni molestés. Comment ils le font, je l'ignore, mais ils vont et viennent à travers tout le pays sans être molestés, et je pense que les Némurions les craignent, car bien que ce soient des hommes cruels et stupides, ils sentent la puissance de l'Ourane et reculent d'effroi devant cette puissance, car ce sont des dévots d'Iblis et ils craignent la lumière et ce sont des enfants des ténèbres qui ne peuvent approcher de la lumière sans périr. »

Il se tut, et ferma les yeux, parce que sa lassitude était extrême. Puis il continua : « Tu iras dans la vallée sainte et tu y établiras un campement avec ta servante et tu vivras dans ce lieu où le gibier est abondant et le poisson nombreux. Cette vallée a la forme d'un sablier et tu séjourneras dans la partie que nous t'indiquerons et tu n'iras pas dans l'autre partie avant que les saints t'en aient donné l'autorisation. Dans cette partie il y a un lac et c'est au bord de ce lac que vivent les saints, mais tu n'essaieras pas de les voir. Mon fils, tu vivras en ce lieu le temps qu'il faudra et tu élèveras ta pensée vers l'Ourane. Il se passera des nuits et des jours, et tu verras Thana changer de forme plusieurs fois et, comme tu es jeune, l'impatience te prendra, qui est un Ange fou dont le corps est pareil au feu qui toujours se hâte de dévorer et de courir. Mais tu domineras ton impatience, et le jour viendra, qui sera un jour béni pour toi, où les saints se feront connaître de toi, et t'aideront et te secourront. Et eux, ils sauront comment te faire traverser tout le pays des Némurions comme une ombre, sans qu'il t'arrive aucune malencontre. »

Quand il eut achevé ce discours, il ferma de nouveau les yeux. Le sang se retira de son visage et je crus qu'il mourait. Mais son regard vint à moi, qui était jeune et plein de fraîcheur. Il sourit, voyant que sa faiblesse me troublait.

L'Imam me dit : « Mon fils, tu peux choisir de ne

point suivre le conseil que nous te donnons et penser que tu perds en le suivant beaucoup de temps. Mais si tu ne le suis pas, veuille me croire, tu affrontes en descendant vers la plaine de très grands dangers, si grands que, si tu es un homme sage, tu rebrousseras chemin et tu reviendras à Thûg-Norqâa, traverseras le Deubh'n et prendras la Route Royale pour aller à Varm. »

Je remerciai l'Imam et le sage Omar, et je rendis grâce à l'Ourane devant eux qui avait mis sur mon chemin des hommes de si bon conseil, mais ensuite je ne leur cachai pas ma perplexité, leur disant que l'Abbé du Vide m'avait dit que je pouvais traverser le pays des Némurions si j'étais vaillant et rusé.

Mais l'Imam dit : « C'est une chose que de voir un tigre dans une cage, et c'en est une autre que de le rencontrer face à face en liberté. Mon fils, je pense que l'Abbé du Temple de Jautaham qui est dans la Ville-Libre croyait que tu traverserais le Deubh'n et suivrais la Route Royale. Ainsi tu aurais pu arriver sans encombre à Athènes, car les populations directement soumises à l'aurorité du Roi des Némurions sont moins brutales et moins folles qu'ailleurs, parce que leurs mœurs se sont adoucies, et un homme vaillant et rusé peut en suivant une Route Royale traverser le pays. Mais tu as cédé à l'impatience et à l'Ange fou de la jeunesse et au lieu d'attendre la décrue du Deubh'n tu as écouté des gens imbéciles et tu es dans une situation très différente de celle à laquelle songeait l'Abbé du Temple de Jautaham, parce qu'entre Erembûrz-Datên et Varm s'étendent des pays sauvages, et chaque tribu est en guerre contre les autres, et c'est un pays de violence et d'épouvante. »

En sortant de chez l'Episcope, je trouvai Prajna

qui était assise sur la pierre du seuil. Des enfants l'entouraient qui la considéraient avec étonnement, et les passants aussi s'arrêtaient et l'observaient en se demandant entre eux ce que faisait là cette femme, mais Prajna demeurait assise sur la pierre du seuil avec ses bras posés sur ses genoux. Elle paraissait tout à fait indifférente aux regards.

J'allai avec elle dans les champs qui entourent Zahra, et j'allais jusqu'au pied des montagnes. Il y avait là des arbres qui croissaient sur les pentes et entre ces arbres des creux pleins de feuilles mortes. Des oiseaux voletaient et jasaient dans les branches, et parmi les arbres descendaient les lances de Râ. On eût dit que parmi les arbres il y en avait qui étaient en or.

Je mis la main sur le ventre de Prajna. Elle rit et recula, et comme j'avançais vers elle, elle s'enfuit et se mit à gravir la pente et je courus derrière elle. Elle se baissa en riant et prit une motte de terre qu'elle me jeta, et s'enfuit. Comme je venais de nouveau à elle, elle s'adossa à un sapin et sa poitrine se soulevait et ses joues étaient toutes roses.

Je mis la main sur son ventre et elle mit alors sa main sur mon ventre et nous étions essoufflés et heureux et sur le visage de Prajna dansaient des taches de lumière et des taches d'ombre. Elle avait des taches de lumière et d'ombre sur la poitrine et les cheveux.

Elle portait des vêtements de voyage, un pantalon et des bottes, et par-dessus ce pantalon une casaque de daim et une grosse ceinture. Ces cheveux étaient serrés sur ses tempes et assemblés sur le dos de sa tête au moyen d'un ruban de laine et ils retombaient dans son dos. Cette façon qu'elle avait de porter ses cheveux faisait paraître ses yeux très longs et ses pommettes très larges et je regardais son petit nez et son menton dominateur et je la trouvais laide et adorable.

Elle vit que je la désirais, enleva ses vêtements et quand elle fut nue elle se mit de nouveau à fuir. Je dus la poursuivre et l'encercler dans mes bras et la contraindre de s'étendre sur les feuilles mortes qui étaient toutes craquantes et bruissantes.

Je craignis que les brindilles et les cailloux ne la blessassent, mais elle paraissait indifférente aux égratignures et aux écorchures.

Quand elle se releva, son dos était couvert de plaques rouges et de fragments de feuilles, mais elle se retourna sur le ventre, frotta ses seins sur la terre, prit une poignée de feuilles et s'en frotta et mit du sable dans son nombril.

Ce fut toute une affaire ensuite quand il fallut se rhabiller, car elle avait de petits cailloux inscrustés dans la peau, et la croupe meurtrie et il y avait des brindilles qui l'avaient écorchée. Mais elle mit son bras autour de ma taille et sa tête dans le creux de mon épaule et nous revînmes à Zahra comme deux amoureux.

Quelques jours plus tard, un guide nous mena jusqu'à la sainte vallée qui est dans la montagne qui domine Zahra et nous demeurâmes là ainsi que nous l'avait conseillé le sage Omar.

Nous y demeurâmes tout l'été et je vis le bouclier de Thana tantôt de face et tantôt de profil. Je sentis que je changeais et que je n'étais plus tel que j'avais été, mais que je devenais un homme différent. Comme me l'avait ordonné le sage Omar, je n'approchai point du lac auprès dequel vivaient les saints.

Il n'y avait point dans cette vallée une chaleur comparable à celle à laquelle j'étais habitué, mais le temps était doux et comme il n'y avait personne Prajna demeurait nue, car elle n'aimait point les vêtements et dès que nous étions seuls elle avait coutume de se mettre nue. Elle aimait à vivre ainsi, et elle gardait ses bottes pour aller dans l'herbe à cause des serpents et des ronces.

Mais dans le campement, elle ôtait même ses bottes et demeurait nue comme une bête.

Cette vallée était très belle et c'était un des plus beaux lieux que j'eusse jamais vus. C'était un vaste pré dont l'herbe était haute et riche et ce pré était planté de châtaigniers, de chênes et d'érables. Il y avait un torrent qui le traversait qui jaillissait de la montagne proche et plus loin ce torrent se versait dans le lac dont il a déjà été question.

Tout autour se dressaient des pics aux arêtes coupantes et dont la roche était bleue, noire et argentée. Ces pics émergeaient des arbres qui garnissaient les pentes voisines et plus haut il n'y avait plus que des mousses et plus haut encore la roche était nue avec des tapons de neige dans les creux.

L'herbe était pleine de fleurs, de papillons, d'abeilles, de sauterelles et de scarabées, et l'air était d'une pureté merveilleuse et un jour, comme je regardais Prajna qui s'en revenait du torrent toute mouillée et rieuse j'eus un frisson et mon regard glissa de Prajna vers les montagnes. Il s'éleva dans l'azur et il s'abaissa ensuite et je regardai les grands beaux chênes, les érables, le torrent qui écumait et grondait.

Je frissonnai de nouveau et ce fut comme si je sortais de mon passé comme d'une peau et comme si je muais à la façon des serpents.

Il me sembla que j'étais de nouveau dans le Temple de Jautaham le Sage et en même temps dans le Temple de la Volupté Universelle et je vis que cette vallée était sainte et que c'était un Temple, mais ce Temple n'avait point été fait par les hommes. Il avait été fait par l'Ourane et c'était un lieu auguste.

Dans ce Temple il n'y avait point de statues ou il y en avait une seule et c'était Prajna qui était cette statue. Les arbres en étaient les colonnes et l'azur en était le toit.

J'étais assis sur une bûche à l'entrée de la tente et les chevaux jouaient entre eux et galopaient dans le pré en riant.

Quand Prajna me vit elle s'arrêta, comme interdite. Elle s'approcha et avança la main pour me toucher, mais elle ne me toucha point. Elle fut dans la tente, prit ce petit luth que je lui avais donné, et l'accorda. Elle vint devant moi et chanta en s'accompagnant sur son luth. Sa voix était belle et elle entrait dans mon âme et dans les coins les plus reculés de mon âme et elle emplissait toute la vallée.

Le Dieu de Grâce descendit sur Prajna, car elle ne chanta point comme peut le faire une femme, mais sa voix était celle d'un Dieu et les notes qui s'échappaient de son luth étaient comme les battements des ailes des Anges. Son chant entra dans mes os et dans la moelle de mes os.

Et voici, comme elle chantait, que je vis le lien qui était entre nous et je fus étonné, parce que je vis que Prajna connaissait cela depuis longtemps et depuis que nous avions quitté Thûg-Norqâa, alors que je ne faisais que le découvrir.

Il me sembla que j'étais plus grand que je ne l'étais et que mon regard pénétrait plus loin dans les choses qu'il ne le pouvait, qu'il pénétrait dans les pierres et dans les écorces des arbres. Je compris que l'esprit d'un Dieu était descendu en moi et je glorifiai l'Ourane.

Je me vis comme du dehors et comme si j'eusse été un autre que moi-même et il me sembla que ce long et ce très long voyage que j'avais fait n'avait pas le but que j'avais cru, mais que j'avais fait ce voyage afin de venir en cette vallée et m'y établir avec Prajna, et nullement parce que je me souciais des affaires de Hag et de la majesté de Rûm.

Je pensai à toi, mon Seigneur, mon divin Frère, et je pensai : « Qu'est donc cet homme qui est l'Empereur de Rûm? Je ne le connais point. » Et cette pensée était vraie alors, parce que je ne te connaissais point.

Je pensai à mon père et à la Terre de Ham et je pensai : « Mon père est retourné vers l'Ourane, et la Terre de Ham, je l'ai oubliée. Car ma patrie est partout et l'Ourane est mon père et je n'ai point d'autre père que l'Ourane. »

Or l'automne arriva et la pourpre se mit dans les feuillages.

Comme il était impossible de passer l'hiver sous une tente, je songeai à construire une cabane, ce qui n'était pas une petite affaire, et je voulus descendre vers Zahra pour acheter des outils et demander conseil aux gens du pays, parce que je craignais grandement l'hiver qui est une saison que je ne connais pas et aussi, bien que j'eusse l'intention de m'établir avec Prajna dans cette vallée, je craignais que durant l'hiver nous ne fussions en butte à des difficultés imprévues. J'avais entendu dire qu'il y avait des ours et des tigres dans les montagnes et que parfois les loups venaient dans ces parages, chassés par le froid.

Depuis longtemps je ne demandais point à Prajna son avis, sachant qu'elle ne me répondrait point, car c'était une femme taciturne, mais je lui disais : « Je vais faire ceci » ou « Je vais faire cela », car elle semblait vouloir que toutes les décisions fussent prises par moi.

Je lui dis : « Prajna, nous descendrons demain vers Zahra pour rendre visite au sage Omar, à l'Imam et à l'Épiscope et aussi pour acheter des outils, parce que je veux construire une cabane afin de passer l'hiver en cette vallée. »

Prajna dit : « Ne fais point cela, mon Seigneur. » Je fus étonné, et je dis : « Pourquoi ? » Elle me dit : « Nous aurons quitté cette vallée avant que les neiges soient venues. » Je dis : « Comment sais-tu cela ? » Elle dit : « Je sais cela et je sais aussi que demain ces hommes qui habitent la vallée et qui sont des sages enverront l'un des leurs vers toi et demain je mettrai ma robe verte pour recevoir ce saint, et tu ne verras plus mon ventre, parce que je ne puis montrer mon ventre à un autre que toi. »

Quand elle eut fait ce discours elle abaissa la tête afin que ses cheveux couvrissent son visage.

Or nous avions creusé la terre sous la tente et fabriqué ainsi une sorte de chambre et nous avions fait des rideaux d'osier qui faisaient office de murs, étant appliqués sur la terre, et avec des bûches nous avions fait des marches pour sortir.

Il y avait dans un coin une couche épaisse de foin et c'était là que nous honorions la Phrodite et le Phénix. Nous faisions le feu dehors, et la cuisine lorsqu'il faisait beau. Quand il pleuvait nous la faisions dans une cheminée que j'avais construite avec des galets pris dans le torrent.

Ce soir-là, comme l'automne était venu, je fis un feu dans cette cheminée, quoique les deux Lunes fussent visibles et Prajna alla s'accroupir devant ce feu, car elle aimait considérer les flammes et c'était l'un de ses plaisirs que d'assister à cette danse des génies du feu.

Je dis à Prajna : « Tu as été nue tout l'été et la vue

de ton corps a été une grande et une très grande joie pour moi, parce que j'aime la vue de ton corps qui est vigoureux et sain. »

Prajna était devenue toute brune à cause du hâle et ses cheveux étaient maintenant plus clairs que sa peau et elle avait les jambes et les lombes couvertes d'un duvet frisé qui scintillait comme de l'or. Sur le ventre ce duvet s'épaississait pour recouvrir le sanctuaire et il devenait de la couleur de la rouille.

Quand j'eus parlé, Prajna me dit : « Mon Seigneur, aucun homme jamais ne verra ce corps, sauf toi, et même cet homme qui doit venir demain, et qui est un saint dont le regard ne souille point les choses, il ne me verra pas. »

Le lendemain je vis un homme qui s'en venait, et il s'en venait de cette partie de la vallée où il y avait un lac, et il avait une grande perche à la main et un chapeau de paille. Il portait une robe brune et il avait sur les épaules une cape.

C'était un homme barbu, qui paraissait dans la force de l'âge, parce que sa barbe était noire et il y avait seulement quelques boucles blanches autour de la bouche.

Des vapeurs montaient du sol, et déjà quelques feuilles étaient tombées, et cet homme semblait émerger d'un songe parce que des vapeurs bleues et argentées s'accrochaient à ses vêtements et derrière lui toute la vallée s'enfonçait dans un brouillard, bien que le ciel fût clair.

Je le regardais qui approchait, et j'avais déjà connu l'Abbé de Jautaham et la Face Radieuse, mais j'étais ému et tourmenté parce que devant ces hommes qui ont vu l'Ourane face à face et qui ont l'esprit de l'Ourane dans les yeux on se sent nu et sans défense.

J'allai vers lui et je me prosternai devant lui et

Prajna sortit de la tente dans sa robe verte et se prosterna devant lui. L'ermite nous releva et nous invita à le suivre.

Or les ermites habitaient une caverne et cette caverne n'était pas loin de notre campement. Cependant nous n'en avions jamais soupçonné l'existence à cause de la configuration des rochers qui en masquaient l'entrée et qui était telle qu'on croyait voir une surface unie alors qu'en réalité il y avait deux rochers l'un devant l'autre séparés par une faille par laquelle on entrait dans la caverne.

Je pense qu'on aurait pu vivre des années dans la vallée sans découvrir la faille dont je parle, parce que lors même qu'on en connaissait l'existence l'illusion subsistait. Elle était due à un rapport de couleurs qui faisait que l'ombre de la faille se fondait dans celle des roches.

L'ermite qui nous guidait nous fit entrer dans la caverne et derrière les deux rochers il y avait un trou qui avait la forme d'une bouche et qui était plein de broussailles.

Cette bouche avait comme des lèvres noires et lépreuses et les broussailles qui l'emplissaient étaient toutes brunes et il y avait de grosses pierres çà et là et l'on aurait cru qu'il n'y avait rien de plus. Mais au fond et derrière une saillie il y avait un couloir haut comme un homme et dont les parois s'inclinaient.

Un ermite vint à notre rencontre avec une torche et dans ce couloir il y avait comme une haleine humide.

Ce couloir faisait de nombreux coudes tantôt à droite et tantôt à gauche, et parfois il y avait des trous dans le sol, sur ces trous étaient jetées des planches, et parfois il y avait des trous dans la paroi et l'on distinguait vaguement des grottes et des poches de pierre, et l'on montait et l'on descendait.

Prajna était mal à son aise, et moi aussi, car je me

demandais comment on pouvait vivre en de pareils lieux qui étaient pires que des prisons et qui étaient comme des oubliettes.

Soudain nous débouchâmes sur une énorme caverne, ou du moins elle nous parut énorme à la lumière de la torche qui ne dissipait pas les ténèbres. Une passerelle avec une rampe traversait cette caverne et joignait une espèce de lèvre à une autre espèce de lèvre. Regardant mieux je vis que tout le fond de la caverne était plein d'une eau si limpide et si tranquille qu'on ne la remarquait pas. Seul le reflet de la torche en jouant à la surface permettait de la distinguer.

Il y avait partout des saillies et des creux qui semblaient des statues voilées. C'étaient des formes rondes pareilles à des têtes, à des épaules, à des genoux, avec des plis comme en font les linceuls et ces formes étaient blanches et luisantes.

Nous traversâmes la passerelle et voici ! nous étions sur l'autre versant de la montagne.

Quand nous eûmes franchi une porte qui était là, nous nous trouvâmes dans une salle spacieuse tapissée de sable fin. Les murs étaient de calcaire blanc ainsi que le plafond. Des fenêtres étaient taillées dans le calcaire et ces fenêtres donnaient sur une vallée très large et plus loin commençaient les montagnes.

Toutes les salles et les chambres de l'ermitage étaient de ce côté, et elles avaient été construites bien des siècles auparavant, il y avait des escaliers creusés dans le roc et toutes les fenêtres regardaient vers l'Orient. Elles recevaient le matin la lumière de Râ et le soir celle de l'Athénade au bouclier vivant.

Il y avait là de grandes salles et de petites salles, et elles étaient toutes à peu près pareilles, sauf que certaines étaient anciennes et certaines récentes, que certaines avaient les murs nus et certaines les murs ornés de reliefs ou de peintures.

La pierre n'était pas blanche à proprement parler, mais blonde dans les parties récentes et argentée dans les parties anciennes et partout le sol était couvert de sable fin.

Toutes les salles et les chambres étaient meublées de meubles fabriqués par les ermites, et ces meubles étaient parfois très compliqués, avec toutes sortes de tiroirs et de cabinets et de décorations et comme me le dit en riant le chef des ermites, ils étaient à l'image de ceux qui les avaient fabriqués.

Or le chef des ermites, qui se nommait Nasroddîn et que l'on appelait le Mullah, était un homme tout à fait chauve avec de grosses moustaches dont les pointes se relevaient et qui semblait plutôt un chef de guerre qu'un ermite. Il avait un ventre lourd, mais on sentait que ses épaules et ses jambes étaient vigoureuses bien qu'il fût âgé, et c'était un homme prompt à rire et lorsque je le regardai mieux je vis que le modelé de son front était admirable et que son crâne avait une belle forme.

Il tenait la tête un peu abaissée comme s'il avait eu un poids sur la nuque, de sorte que son regard montait vers vous, et l'on voyait d'abord le front, puis les sourcils, puis le regard. Il avait sous les yeux des poches violacées et des sillons de part et d'autre de sa bouche, et l'on voyait sa lèvre sous sa moustache, qui avait quelque chose de formidable et de gai. Ses dents étaient usées et jaunies, et il avait un menton carré sous lequel la peau se relâchait.

Cet homme n'était point du tout habillé comme un ermite, mais il avait un chandail de laine blanche, des pantalons de feutre et des bottes.

Nous entrâmes dans sa chambre, qui était très lumineuse, parce que Râ l'emplissait de ses rayons. Il nous accueillit en nous embrassant l'un et l'autre sur les deux joues comme si nous eussions été ses enfants, nous fit asseoir près de la fenêtre et sembla très heureux et très ému de nous voir et tout à fait comme si nous eussions été ses enfants. On s'attendait quasiment qu'il nous dît que nous avions grandi ou que nous n'avions pas bonne mine et des choses de ce genre.

Je te le dirai tout de suite, mon Seigneur, mon divin Frère, que tous les ermites nous traitèrent de la sorte et non point comme des gens qui fussent venus du dehors, mais comme si nous étions nés dans l'ermitage, que nous y eussions passé toute notre enfance et qu'après un long voyage nous fussions enfin revenus à la maison.

Ces ermites étaient tous des gens fort gais et bien que la plupart fussent âgés et même très âgés, ils étaient lestes et agiles, et chacun avait le mot pour rire. Ils étaient tous habiles de leurs mains, ne mangeaient point de viande, mais se divertissaient à tirer à l'arc et c'étaient d'excellents pêcheurs.

Il peut te sembler que l'ermitage n'était pas tant un endroit consacré et saint qu'une sorte de maison de plaisance et, mon Seigneur, mon divin Frère, le Mullah Nasroddîn nous dit que c'était une maison de plaisance en effet et il nous dit :

« Nous servons l'Ourane en vivant ainsi que l'Ourane désire que vivent les hommes, et il désire qu'ils soient heureux et que chaque moment de leur vie soit abondance et joie. Il y avait autrefois des femmes dans cet ermitage, et pourtant il n'y avait point de querelles ni de jalousie, car ceux qui vivent dans les cavernes ont chassé de leurs cœurs les Démons et les mauvais Génies, et c'est pourquoi nous pouvons vivre même avec des femmes sans qu'il y ait trouble ou tiraillement et toute cette bile et cette aigreur qu'on voit chez les hommes. Autrefois toute la Nouvelle-Illyrie était pleine de maisons telles que la nôtre où régnait la joie et notre but n'était nullement de nous séparer des autres, mais au contraire de les libérer de toute leur vanité, de leur colère et de leur méchanceté, afin qu'il n'y eût plus les ermites d'un côté et les hommes de l'autre, et la vie religieuse d'un côté et la vie profane de l'autre, mais qu'il n'y eût plus de différence et de distinction entre ces deux vies, et qu'il n'y eût plus de temples dans les villes et les villages parce que chaque maison eût été un temple et chaque homme un prêtre de l'Ourane. Mais voici que nous sommes seuls et en dehors d'une autre confrérie qui est à Athènes sur l'autre versant du pays il n'y a plus d'ermites nulle part dans toute la Nouvelle-Illyrie. Et ce n'est point une chose bien grande et bien merveilleuse que nous avons faite, mais nous nous sommes simplement libérés des sentiments et des pensées qui sont indignes d'un enfant de l'Ourane et voici qu'en nous libérant de ces petitesses nous sommes devenus des solitaires. »

Il nous versa à boire, nous offrit des galettes de blé amer toutes semblables à celles qu'on mange dans le Pays de Hag, et ajouta : « Les hommes nous craignent, et les uns nous haïssent et les autres se prosternent devant nous et imaginent toutes sortes de choses à notre sujet, uniquement parce que nous vivons comme l'Ourane désire que vivent les hommes, et parce que nous glorifions l'Ourane nuit et jour, et eux, les hommes, ils nous trouvent pour ce motif étranges et redoutables, et ils ont peur de nous. »

Depuis que nous avions rendu visite au chef des ermites et au saint Mullah, il y avait commerce quasi journalier entre les sages et nous. Tantôt l'un et tantôt l'autre venait nous voir, et tantôt ils venaient à plusieurs.

Et nous, nous allions à l'ermitage, et les saints ermites partageaient leur nourriture avec nous, ou bien nous adorions ensemble l'Ourane et les Dieux.

Or le sage Nasroddîn avait beau dire que ses compagnons et lui étaient des hommes ordinaires et qu'ils ne faisaient point de choses bien merveilleuses, cela n'était pas tout à fait vrai, parce que le sage Nasroddîn connaissait mon histoire et tous les détails de mon histoire et même des détails que je n'avais contés à personne, soit que ces détails eussent un caractère trop intime, soit qu'ils me parussent insignifiants.

Quand je marquai ma surprise, il me dit en riant : « Ce n'est point là, mon fils, une chose bien grande et bien merveilleuse, mais c'est une chose naturelle qui se développe dans l'homme qui se conforme aux lois de l'Ourane, et tes souvenirs sont pour moi comme un livre que je parcours. Car les hommes ne sont pas séparés les uns des autres, enfermés chacun dans sa peau comme dans un sac, mais il y a entre les âmes toutes sortes de communications subtiles, et tous les hommes sont nés avec le pouvoir de lire les pensées de ceux qui les entourent, mais ce pouvoir ils ne l'exercent pas et ils le laissent s'affaiblir. Si tu réfléchis, mon fils, et si tu concentres ton attention, tu verras que tu as toujours su au sujet des gens que tu rencontrais beaucoup plus que tu ne croyais savoir. Mais si tu laisses croître et se développer dans ton âme des sentiments et des pensées indignes d'un enfant de l'Ourane, alors tu perds le pouvoir de connaître certaines choses, parce que ces sentiments et ces pensées indignes sont comme des ronces et des broussailles qui encombrent ton âme et étouffent les bons fruits. »

Mais le sage Nasroddîn avait beau parler ainsi, je n'en demeurais pas moins confondu par la connaissance qu'il avait de moi, et parmi les autres ermites, il m'arrivait de les surprendre en train de faire des choses qui me paraissaient étranges et merveilleuses, bien que ces saints vieillards les trouvassent toutes naturelles.

Il y en avait un qui était aimé des oiseaux, et quand il allait méditer comme il en avait coutume sous l'un des arbres de la vallée, des oiseaux venaient autour de lui, se mettaient dans les branches ou bien se perchaient sur ses épaules et sur sa tête et venaient voleter, jaser et picorer autour de lui.

Lui aussi, quand je m'étonnais, il disait que ce n'était pas une chose bien grande et bien merveilleuse, mais quand je le voyais assis sous son arbre, avec tous ces oiseaux sur sa tête et ses épaules, et tous ces oiseaux dans les branches, j'étais plein d'admiration, et cela me semblait miraculeux.

Pour te donner un autre exemple, un soir l'un des saints ermites vint nous rendre visite, et il pleuvait, mais quand il arriva il n'y avait pas une goutte sur sa cape ni sur sa robe, mais il était venu de la caverne jusqu'à nous sans se mouiller et aucun des saints ermites n'était jamais malade.

Comme l'avait dit le vénérable Omar Ibn Zarûqqâ, ces hommes différaient des hommes ordinaires et, mon Seigneur, mon divin Frère, si je devais en quelques mots définir cette différence, je dirais qu'ils étaient plus vivants que les hommes ordinaires, bien que cette façon de parler ne soit guère satisfaisante.

On eût dit que tous leurs sens étaient plus aigus que ceux des autres hommes, qu'ils voyaient, entendaient davantage, et sentaient davantage.

Cela je le compris lorsque je dus descendre vers Zahra pour une affaire, car les gens du village me parurent ternes et comme éteints par comparaison aux saints ermites, et leur rire me parut forcé. Il leur manquait je ne sais quelle vivacité, leurs regards étaient troubles, et leur physionomie était pleine de ruse et d'aigreur, bien que ce fussent dans l'ensemble de bonnes et de très bonnes gens.

Sans doute parce que j'habitais depuis des mois déjà dans la sainte vallée, j'observai que les gens du village me considéraient avec une sorte de crainte. Ils baissaient les yeux devant moi, étaient embarrassés et mal à leur aise.

Leurs façons me parurent absurdes, mais lorsque j'en parlai au sage Nasroddîn, le Mullah rit, me rappela les paroles qu'il avait prononcées lors de ma première visite et me dit : « Et toi aussi, maintenant, ces gens de Zahra te considèrent comme un Darvouch, car tel est le nom qui nous est donné, et ce nom signifie Fou, et l'on nous appelle les Fous de Laha, parce que nous nous conformons aux commandements de Laha, alors que ce sont eux, qui ne cessent de penser à l'or et à la puissance, qui sont fous et hors des voies de la raison, mais ils sont égarés et dévorés par leurs songes. »

Je n'éprouvais pas devant le saint Mullah l'effroi que j'avais éprouvé devant l'Abbé du Vide, bien que le Mullah eût vu l'Ourane face à face et que cela fût sensible dans ses attitudes, sa voix et la tendre sévérité de son regard.

Comme il lisait mes pensées, il dit : « Que cela ne t'étonne point, mon fils, car tu as grandi. C'est quand on ne connaît pas l'Ourane que son approche terrifie. Mais ensuite, quand on apprend à le connaître, on s'étonne de l'avoir trouvé terrifiant et enfin on rit de cette terreur, parce que tu n'es pas autre chose que l'Ourane et l'Ourane n'est pas autre chose que toi, de sorte que tu ne peux pas plus le craindre que tu ne te crains toi-même. »

Il y avait dans l'ermitage une salle plus grande que

les autres et tous les saints ermites pouvaient s'y tenir, qui étaient une cinquantaine.

Cette nuit-là nous étions tous assemblés dans cette salle qui avait deux grandes cheminées dont les hottes étaient si grandes qu'on pouvait s'y tenir debout. L'Athénade au bouclier vivant jetait ses rayons sur le sol et dans les cheminées il y avait de grands feux.

Les uns mangeaient, les autres se taisaient et élevaient leur esprit vers l'Ourane. Prajna et moi et quelques autres ermites nous nous entretenions avec le saint Nasroddîn dans un coin de la salle près de l'une des cheminées. Or depuis que Prajna avait chanté si merveilleusement, elle n'avait point délaissé son luth, elle en jouait souvent et même quand nous parlions il lui arrivait de laisser ses doigts errer sur les cordes, et de jolies mélodies venaient sous ses doigts et s'en échappaient comme des colombes, et il y avait toujours de la musique autour d'elle.

J'interrogeai le sage Nasroddîn et je lui demandai si je devais demeurer dans la vallée ou poursuivre mon chemin. Je n'avais aucun désir de le poursuivre, car il me semblait que j'avais atteint le terme véritable de mon voyage, mais d'autre part j'avais dans l'âme comme une incertitude et comme une voix indistincte qui disait « Non, non » et parfois quand je regardais les arbres, les montagnes et toute cette belle vallée que j'aimais, il me semblait que j'en prenais congé, que ces jours si doux étaient les derniers que je passais dans ces lieux. Cette pensée m'attristait, mais une mystérieuse allégresse se mêlait à ma mélancolie, et j'étais comme un oiseau migrateur qui sent venir le moment de l'envol.

J'interrogeai donc le sage Nasroddîn, qui m'écouta en roulant la pointe de sa moustache entre ses doigts comme il en avait l'habitude et le reflet du feu modelait le contour de son front qui était noble et imposant. Et lui, il considérait Prajna, et semblait attendre.

Je tournai la tête, car Prajna était assise à mes côtés, entre le feu et moi, et nous étions devant le vénérable Nasroddîn, qui avait le poing sur la cuisse et le coude en dehors et de l'autre main roulait la pointe de sa moustache entre les doigts, dans une attitude de guerrier plus que d'ermite, et considérait Prajna.

Elle était entre le feu et moi, de sorte que son profil se découpait en noir contre la lumière, mais lorsque je me tournai je vis sur sa joue comme un éclat, je me penchai et je vis que des larmes roulaient sur sa joue et que l'esprit d'un Dieu était en elle. Elle ne paraissait pas savoir qu'elle pleurait, mais ses traits étaient augustes et elle semblait regarder une chose que je ne voyais pas.

Elle chanta, s'accompagnant sur son luth. Elle éleva la voix, et la puissance de sa voix emplit toute la salle. Tous les ermites se levèrent et vinrent l'entendre. Elle éleva la voix, disant : « Il vient, le Pacificateur de la Terre. Il approche, le Rassembleur des Nations, et celui qui rendra leur liberté aux peuples. La Terreur marche devant lui, et sa gloire est telle que le rugissement du lion, et les Victoires l'accompagnent, et les Rois tremblent devant sa face. Il vient dans le nuage de la Terreur, et la foudre est dans sa main, et son visage est celui de l'épouvante et de la gloire. Et lui, qui apporte la paix et l'abondance, il vient comme un guerrier, et le bruit de son pas fait frémir les Rois et les Princes. Il vient comme un lion, et comme un homme de proie, et les chaînes de la servitude fondent comme de la cire sous son regard, et les méchants ne soutiennent pas l'ardeur de sa lumière, car il est comme Habolaune dans sa fureur et comme le Posidonien dans sa colère. Il sera nommé le Victorieux, et le Pacificateur de la Terre, et le Rassembleur des Nations. »

Comme elle chantait, mon âme frémit dans mon corps, et je sus que j'allais partir.

Mon Seigneur, mon divin Frère, j'ai observé que les événements sont comme les faisceaux que portent les licteurs, ils sont liés ensemble et, quand un événement a lieu, il n'a point lieu seul, mais il y a dans la vie des pauses durant lesquelles il ne se passe rien, les nuits se ressemblent, et les jours se ressemblent, et soudain tout se met en branle à la fois, et l'on a le sentiment que chaque instant apporte un nouvel événement.

Or quand Prajna eut chanté, ce fut comme si une page eût été tournée, et que notre séjour dans la vallée fût une chose du passé. Prajna était dans une stupeur et sa physionomie était auguste et terrible.

Le Mullah se leva, fit un signe sur le front de Prajna, murmura une parole et l'esprit sortit d'elle. Elle sourit au Mullah comme on sourit à son père et je vis qu'elle ne savait pas ce qui s'était passé.

Le Mullah était très grave et il caressa la tête de Prajna, me disant : « Rentre maintenant avec elle, et quand tu seras dans ta tente, tu feras une tisane avec des herbes que je te donnerai, parce que Prajna doit se calmer et dormir. Et demain, tu ne viendras pas ici, mais tu resteras dans ton campement, et tu élèveras ton esprit vers l'Ourane. Et ceci est un commandement que je te fais et un ordre que je te donne. »

Le sage Nasroddîn vint au lever de Thana, et Prajna lui offrit du thé et des galettes de blé amer, car elle était tout à fait remise.

Le Mullah avait une expression singulière, et son regard me parut changé, qui était fixé sur l'âtre. L'on eût dit que ses yeux devenaient pareils à ceux des statues et que l'on eût collé des feuilles d'or sur ses prunelles.

Il dit : « Mon fils, il y a un village qui est appelé Noreth qui est situé sur une hauteur de l'autre côté de ces montagnes et sur le versant qui regarde la plaine. Car dans toutes les catastrophes et au milieu de la guerre et de l'épouvante il y a des gens qui ne s'enfuient point et qui sont comme enracinés dans le sol, et ce sont des gens pareils au liseron qui pousse partout ses lianes et ses racines, ils voient leurs champs brûler, mais ils ne bougent point, et l'on égorge leur bétail, on viole leurs femmes et l'on tue leurs vieillards, mais ils se cachent dans un creux et sous un buisson, et dès que la Tête du Chacal s'éloigne, les voici qui s'en reviennent et qui recommencent. Ce sont des gens qui ont une obstination étrange, et une fois qu'ils ont pris possession du sol, rien ne peut les en arracher. Or il y a des Illyriens de cette sorte, qui ne vivent point dans la plaine, mais qui se sont établis dans les hauteurs juste au-dessus. Ils vivent avec un pied dans la guerre et un pied dans la paix, et il arrive que les Némurions les attaquent et brûlent leur village, qui est Noreth. Alors ces gens s'enfuient dans la montagne, mais quand les Némurions s'en vont, ils redescendent et rebâtissent et réparent leurs maisons et continuent à vivre là, parce que ce sont des gens obstinés. A d'autres époques, ces gens de Noreth, quand les Némurions ne sont point en proie à leur folie, ils font un peu de commerce avec eux, et il y a des échanges entre eux et les Némurions. Voici de longues années que dure cette situation, et il y a même eu des mariages entre les gens de Noreth et les Némurions, de sorte que les uns se sont ensauvagés quelque peu et que les autres se sont radoucis. »

Il se tut un instant, flaira son thé, en but une

gorgée et reprit : « Mon fils, il y a entre nous, les ermites de cette vallée, et les gens de Noreth, communication et rapport, et il leur arrive d'envoyer un messager à travers les montagnes qui vient nous donner des nouvelles, et parfois ils viennent à plusieurs afin de recevoir notre bénédiction. Quelquefois nous envoyons vers eux l'un des nôtres, parce que nous connaissons les plantes, et savons soigner les bêtes et les gens, et eux, ils sont pleins de maladies et le peu de bétail qu'ils ont est malingre, de sorte qu'ils nous regardent comme leurs bienfaiteurs. »

Il se tut de nouveau, et demeura là, près du feu, les sourcils noués, avec son expression bizarre, et il avait l'air de penser à autre chose, et parfois il hochait la tête. Enfin il sourit et me dit : « Peut-être les gens qui nous appellent des Darvouchs et des Fous ont-ils raison. »

Voyant que je voulais le questionner, il leva la main pour m'imposer le silence et me dit : « Mon fils, tu as compris que le moment de ton départ approche et, dans quelques jours, il sera venu. Mais ce départ ne sera pas tel que tu l'imagines présentement, et je ne t'en dirai pas davantage pour l'instant. » Il nous bénit et s'en fut.

Mon Seigneur, mon divin Frère, les paroles du sage Nasroddîn me troublèrent, et d'abord parce que je ne les comprenais pas et que la raison pour laquelle il m'avait parlé des gens de Noreth m'échappait.

Elles me troublèrent aussi parce que le Mullah lui-même m'avait paru troublé, et c'était un homme que rien ne paraissait pouvoir ébranler, mais voici pourtant qu'il avait paru soucieux et rêveur, lui qui toujours était si tranquille, fort, malicieux et sûr de lui.

Pendant que je réfléchissais, Prajna se mit à ranger nos affaires, à choisir parmi elles celles qu'elle voulait emporter, car nous ne pouvions les emporter toutes et durant notre séjour dans la sainte vallée il s'était fait peu à peu une accumulation d'objets et d'ustensiles.

Tu te souviens de cette chemise de mailles que je possédais. Depuis longtemps je ne la portais plus, mais voici que Prajna la retrouva dans nos affaires, la déplia et la fit bruire entre ses doigts. Elle enleva sa souquenille, mit cette chemise de mailles et se montra ainsi à moi en riant.

Le feu de l'âtre faisait scintiller les mailles, les fortes jambes de Prajna paraissaient toutes dorées et ses cheveux étaient serrés sur ses tempes de façon à faire saillir ses pommettes et à allonger ses yeux et elle me parut superbe.

Elle prit mes glaives, les fit reluire et tournoyer. Il me sembla que c'était la Guerre elle-même qui était là devant moi et, bien que je ne fusse pas habile, je pris son luth et jouai un petit air. Prajna dansa devant l'âtre. Le désir m'emplit et je l'étreignis et nous adorâmes la Phrodite debout devant l'âtre.

Prajna tenait mes glaives dans ses mains et elle demeura vêtue de ma chemise de mailles pendant que Min exultait dans le sanctuaire, elle riait et dans ses yeux bondissaient des lances vertes.

Et voici que la précipitation se mit dans les événements et qu'après tant de jours et de nuits de tranquillité, tout se mit en mouvement à la fois.

Il y avait dans toute la vallée une agitation sourde, qui n'eût probablement pas été remarquée par un homme qui l'eût simplement traversée, mais qui me fut très sensible, et ce n'était rien, en un certain sens, et en un autre c'était beaucoup.

On voyait des ermites qui causaient ensemble au

bord du lac, d'autres qui marchaient seuls et songeurs, et celui que les oiseaux aimaient ne venait plus méditer sous son arbre, et beaucoup d'entre eux venaient nous voir et ils semblaient dans un état très différent de leur état ordinaire.

Il y en eut plusieurs qui descendirent ensemble vers Zahra, mais personne ne répondait à mes questions. Ils riaient et se regardaient les uns les autres, disant : « Rien n'est encore décidé » ou bien « Mais il ne se passe rien de particulier », avec des mines qui démentaient leurs propos, car ils étaient joyeux comme les flots de la Mer de Yûd ou tels que des enfants durant les préparatifs d'une fête, et soudain ils étaient émus, jetaient des regards émus autour d'eux, ou bien ils devenaient graves et glorifiaient l'Ourane.

Finalement on vint me dire que le Mullah me demandait, et je fus introduit dans sa chambre et tout l'ermitage était comme un homme qui dort, plein de songes et de visions.

Or c'était la nuit, et Thana présentait le profil de son bouclier, mais l'Athénade resplendissait et les ombres se tordaient sur sa face comme des serpents sur un lit de braise.

Le Mullah vint à moi et m'embrassa sur les deux joues et posa les mains sur mes épaules. Ses yeux étaient pleins de feu et sa moustache était toute hérissée.

Il me dit : « Mon fils, ces Illyriens qui habitent sur le bord du pays des Némurions ont envoyé des messagers vers nous, et ces messagers je les attends depuis que le Dieu qui connaît l'avenir a parlé dans la bouche de Prajna. Et j'ai une grande et une très grande nouvelle à t'annoncer, et ce n'est point toi seulement qui es concerné par cette nouvelle, mais elle concerne tout l'Empire et nous aussi, qui sommes établis dans cette vallée depuis la venue des

Némurions, elle nous concerne et change notre destin. »

Il enleva ses mains de mes épaules et moi, il me sembla que mon cœur enflait dans ma poitrine et qu'il allait éclater, car cette nouvelle je la devinais, et depuis que le Dieu avait parlé dans la bouche de Prajna j'attendais qu'elle fût confirmée avec une grande impatience et aussi une grande crainte, car lorsqu'un désir est sur le point d'être satisfait, et lorsque c'est un grand désir, voici ! on éprouve comme de l'effroi, et l'on veut satisfaire le désir, mais aussi on recule comme devant une flamme trop vive.

Le Mullah me tourna le dos, se dirigea vers une fenêtre et considéra la vallée sous la lumière de l'Athénade. Il se tourna et la lumière baignait ses épaules et le sommet de son crâne, mais son visage était dans l'obscurité. Il me dit : « L'Empereur a débarqué sur la côte illyrienne avec son Armée et il est dit qu'il a débarqué avec un million d'hommes. Et cette nouvelle n'est point vieille de trente jours, parce que le Roi des Némurions a levé l'Etendard du Grand Péril, il a envoyé des Cavaliers Royaux dans tout le pays pour l'annoncer aux tribus et pour leur donner l'ordre de se rassembler auprès de lui afin de marcher sur l'Empereur, et il n'a fallu que trois jours aux messagers venus de Noreth pour arriver ici à travers les montagnes. De sorte qu'en ce moment même l'Empereur et son Armée sont en marche depuis trente jours et il ne leur faudra que trente jours de plus pour atteindre le centre de la Nouvelle-Illyrie et la ville du Roi, et le Roi en ce moment rassemble ses hordes et toutes les tribus sont en marche. Et voici que cette grande guerre dont on parle depuis si longtemps a commencé et que tout l'avenir de l'Empire est engagé dans la grande bataille qui se prépare, et les événements des semaines qui viennent vont changer la face du monde. »

Quand il eut prononcé ces paroles, il avança dans la chambre. Son visage sortit de l'ombre et me parut modelé dans la braise. Il franchit en quatre ou cinq pas l'espace qui le séparait de la porte, se tourna et revint vers moi. « J'ai envoyé, dit-il, un des nôtres vers l'Episcope de Zahra en le chargeant d'avertir le Pontife, parce que les gens d'Erembûrz-Datên, si je ne les avertis pas, ne connaîtront la nouvelle que très tard et par des messagers venus de Thûg-Norqâa. »

Il s'arrêta, hocha la tête, disant : « Et voici comme l'Ourane fait les choses, car ce sont des hommes de paix, qui vivent dans la solitude, qui ont été chargés d'apprendre cette grande nouvelle aux gens d'Erembûrz-Datên. »

Il avait les mains dans le dos, et il allait d'un mur à l'autre, et se retournait vers moi, les sourcils froncés et la moustache hérissée, avec une expression à la fois gaie et farouche. Il me dit : « Mon fils, tu attends cette nouvelle depuis que le Dieu a parlé dans la bouche de Prajna, mais moi je l'attends depuis beaucoup plus longtemps et je l'attends depuis mon enfance, et mes parents l'ont attendue toute leur vie, et les parents de mes parents l'ont attendue. Je n'ai pas besoin de te dire qu'elle nous ravit et nous épouvante, car voici des siècles que nous vivons sous le poids des Némurions, et que nous sommes tels que des esclaves et des fugitifs et que nous voyons notre patrie saccagée et ruinée par les Némurions. Je t'ai dit également qu'avant cette invasion, nous autres ermites, nous avions des maisons partout, et nous avons horreur de la violence et du sang, et voici qu'il n'y a plus dans tout le pays que cette maison où tu es et une autre qui est à des centaines de douls et que tous les efforts que nous avons faits pour instruire les hommes dans les voies de l'Ourane ont été réduits à néant par les envahisseurs. »

Il baissa la voix, et je vis que son émotion était

grande, mais il se domina et dit : « Mon fils, nous descendons vers la plaine avec toi et avec Prajna. » Je crus avoir mal entendu, mais le Mullah dit, d'une voix douce : « Mon fils, nous laissons cet ermitage, et nous descendons avec vous. »

Il me sembla que je n'avais plus de place dans mon corps, et qu'il était ridicule de n'avoir que deux bras, deux jambes et une seule bouche pour manifester mon étonnement et mon exaltation. Je courus vers le sage Nasroddîn, je l'embrassai et il m'embrassa et voici que les autres ermites entrèrent et je les embrassai et tous riaient et parlaient à la fois et il y eut là l'un de ces moments qu'on ne peut décrire parce que les paroles sont faibles et qu'il n'y a pas de mots pour rendre ce ravissement, cette excitation et cette espèce de folie radieuse qui s'empare de vous dans ces moments.

Enfin le Mullah éleva la voix, nous pria de nous contenir par l'amour de l'Ourane, monta sur une chaise et dit : « Mes amis, mes compagnons, le moment que nous attendons est venu, et demain à l'aube nous descendons vers la plaine sous la protection de l'Ourane. Et vous, élevez votre esprit vers l'Ourane, car nous avons été heureux en cette vallée et nous avons été comme des enfants sans soucis ni peines. Mais maintenant nous avons contracté de grandes obligations envers les hommes, car nous, qui connaissons la majesté et la grâce de l'Ourane, nous nous sommes tus, et nous avons laissé les hommes à leur méchanceté et à leur ruse, et maintenant il nous faut aller vers eux et les enseigner et leur apprendre le nom et les voies de l'Ourane qu'ils ont oubliés, et le nom de Houênon notre mère et ses façons qui sont belles. Les Némurions ne nous molesteront pas, car ils sont en marche vers leur Roi, mais il y aura des brigands et des pillards dans tout le pays, et il se peut que nous soyons tués et quoique le danger soit moindre qu'il n'était, il demeure grand et redoutable. Aussi, vous, élevez votre esprit vers l'Ourane et le Roi des Dieux, élevez-le aussi vers Houênon, et préparez-vous, car nous partons demain et nous avons devant nous un chemin long et très long et de très grands périls. »

Nous levâmes notre campement à l'aube. Une brume emplissait la vallée et les arbres étaient enveloppés de brume et semblaient tels que des dessins. Les montagnes étaient comme des voiles bleus suspendus dans le ciel et ni leurs cimes ni leurs bases n'étaient visibles. Les vapeurs ruisselaient et frémissaient sur les prés comme des serpents.

Avant de partir, je me retournai, et je fus attristé en voyant ce lieu, parce que notre petite chambre n'était plus qu'un trou dans la terre, et n'avait plus de sens.

L'herbe autour de nous était partie, laissant le sol nu, il y avait de grandes traces noires laissées par le feu sur les pierres et partout il y avait des traces de pas et de sabots, et des endroits aplatis. Il y avait des piquets qui sortaient du sol et qui n'avaient plus de sens, un tas de bûches qui ne servait plus à rien, et quelques ustensiles que nous abandonnions parce qu'ils étaient trop lourds ou trop usagés.

Cet endroit où nous avions été heureux n'était plus qu'une chose morte et un trou dans la terre, du sol battu, des pierres noircies et des bûches.

J'avais déjà éprouvé cette sensation en quittant le Pays de Hag, en quittant la Ville-Libre et, sous une forme un peu différente, en franchissant l'Ornière du Char de Habolaune. Un filet de brume recouvrit notre campement, avança en rampant, descendit ou coula dans notre petite chambre et, sur les arêtes des montagnes, il y eut des lignes étincelantes et des plaques dorées.

Les chevaux soufflaient, secouaient leurs crinières, tapaient du sabot et leurs flancs frémissaient. Plus loin sonnaillait le torrent à travers des arbres tout bleus comme des dos de fantômes. Prajna était triste et mordait son doigt, debout à mes côtés et tenant l'un des chevaux par la bride. Elle se mordait le doigt et avait des larmes dans les cils.

Comme nous nous tenions là, nous vîmes une foule venir du fond de la vallée, portant des étendards et des cloches. Quand cette foule se rapprocha, je reconnus l'Imam qui marchait devant suivi de l'Episcope de Zahra, derrière il y avait des hommes armés, des femmes et des enfants, et c'était une procession de gens de Zahra qui venait recevoir la bénédiction des ermites.

Toutes ces bonnes gens étaient dans l'effroi parce que les ermites s'en allaient. Ils chantaient, implorant Laha et Ma'ahmûd et Fatoumh et les Dieux. Les hommes chantaient des chants solennels et les femmes se lamentaient et parfois poussaient des cris. L'on eût dit à les voir et à les entendre que le Ciel lui-même les désertait.

Quand cette procession arriva devant les roches qui masquaient l'entrée de la caverne, les ermites étaient tous sortis, et ils avaient des chevaux et des ânes, et chacun des ermites avait soit un bonnet de fourrure, soit un chapeau de feutre sur la tête. Ils portaient des capes rouges, roses, bleues, et noires, et le Mullah portait une cape verte, et ils tenaient chacun une perche à la main, et ils avaient presque tous de longues robes, mais certains avaient des casaques en peau de mouton et des bottes, et les ânes étaient chargés, et tous les ermites étaient assemblés devant le sage Nasroddîn.

Lui seul était tête nue et ses moustaches se redressaient fièrement et son regard était plein de feu. L'on eût dit qu'il allait danser de joie et encore une fois je fus frappé de voir qu'un ermite pût avoir une allure si fière, qui était une allure de guerrier.

Râ, loin de dissiper les brumes, disparaissait, et les brumes devenaient plus denses et plus humides. L'on ne percevait que des formes indistinctes, des bleus foncés et des gris, des densités et des pâleurs, et toute la vallée était comme un songe.

Mon Seigneur, mon divin Frère, j'ai noirci déjà beaucoup de feuilles, mais je ne sais si je puis te peindre cette scène de notre départ, parce que les mots se suivent, alors que dans la réalité les choses ont lieu toutes ensemble et à la fois.

Moi, en cet instant, j'étais triste parce que je partais et j'étais aussi tout frémissant d'impatience, en proie à cet Ange fou dont le corps est une flamme qui toujours se hâte et se presse, et toute la Terre autour de nous exsudait et exhalait le mystère à cause des brouillards qui réduisaient les formes à leurs contours, de sorte que rien ne paraissait avoir du poids, et il y avait de grosses roches qui avançaient comme des mentons gigantesques recouverts de poils frisés, et il y avait comme du lait épandu dans l'espace, une rondeur bleue qui était un arbre, une autre rondeur d'un bleu plus pâle qui était un tertre, et il y avait les ânes qui remuaient leurs oreilles, les ermites, les gens venus de Zahra avec leurs étendards et leurs cloches, le Mullah qui dans son épanouissement avait je ne sais quoi de splendide, et qui semblait plus grand et plus fort que les autres, et il y avait Prajna avec son luth sur l'épaule, un bonnet de cuir avec une corne sur la tête et deux cornes sur les joues, un piétinement et un murmure et des voix, des allées et des venues, des prières, des lamentations, et une voix forte par-dessus tout cela et d'autres qui nasillonnaient, des visages tourmentés et des visages sereins.

Quand le Mullah me vit, il m'appela en faisant un grand geste, et son geste effraya un cheval qui se cabra soudain, et il y eut de la confusion et des voix d'homme disant « Ho ! là... Ho ! » et des ermites qui vérifiaient les sangles de leurs baudets. Tous sans doute nous pensions à ce qui nous attendait, au danger, aux Némurions, aux récits qu'on avait faits, et seul le Mullah semblait parfaitement insoucieux avec son crâne nu et poli comme une boule, ses formidables moustaches et son rire.

Je vins auprès de lui, tirant mon cheval par la bride, il m'ordonna de monter en selle et me dit : « Va ! » en montrant le sentier qui sortait de la vallée et qui était comme une cicatrice sur une des pentes.

Quand je fus en selle, je me tournai et je vis Prajna derrière moi et son visage parut tout blanc, avec des yeux attentifs, et derrière Prajna il y avait l'ermite que les oiseaux aimaient, ensuite le Mullah qui était à pied, et la tête de son cheval avançait par-dessus son épaule, et derrière les figures commençaient à devenir indistinctes.

Le sentier montait, et je me retournai une seconde fois et déjà les gens de Zahra avaient l'air à cause de la brume lointains et resserrés, et je vis des chapeaux, des bonnets, des perches et des ballots.

Devant moi le sentier montait entre des troncs mouillés et écailleux. Il y avait des cailloux qui roulaient, et au-dessus de nos têtes il y avait comme des plafonds de laine avec des déchirures par lesquelles on distinguait des parois verticales toutes frisées et noires, et plus haut d'autres plafonds laineux et d'autres parois et plus haut encore il y avait une blancheur éblouissante où erraient des ombres.

Sitôt que nous eûmes franchi le petit col qui séparait la sainte vallée de la suivante, qui était celle sur laquelle donnaient les fenêtres de l'ermitage, le Mullah poussa son cheval et vint me dire qu'il voulait me parler en particulier.

Je m'écartai du sentier et je fus avec lui sous un bouquet d'arbres, tandis que notre petit convoi passait et Prajna nous attendit à l'orée de ce petit bois.

Le sage Nasroddîn me dit : « Mon fils, dans cette expédition tu vas avoir à jouer un rôle inattendu, et je crois devoir t'en avertir. Et pour que tu comprennes, il est nécessaire que je t'enseigne une chose au sujet de l'Ourane que tu ignores, parce que tu es jeune. Cette chose, tu l'as certes observée, mais tu l'as crue accidentelle et fortuite, alors qu'elle fait partie de la nature même et de l'essence de la réalité. Pour te l'expliquer, on peut dire ceci, que les hommes croient qu'il y a quatre éléments, et qui sont le feu, l'air, la terre et l'eau, mais en vérité il y en a cinq, et ce cinquième élément, mon fils, c'est le rire. Et ce n'est pas la peine de me faire cette tête de poisson, parce que tu sais que je dis la vérité, et la vérité est que les éléments sont cinq, et que ce sont le feu, l'air, la terre, l'eau et le rire. Or les hommes ne le savent pas ou plutôt ils ne veulent pas le savoir, parce que le rire ne leur paraît pas digne de la majesté de l'Ourane, mais si tu considères une chose quelconque, si auguste et solennelle que soit cette chose, tu verras qu'il y a toujours en elle et mêlé à sa substance un je ne sais quoi de comique et lors même que la fureur éclate au firmament et que l'Ourane renverse tous les flots sur la Terre et que tu vois son fouet de lumière cingler les croupes des vaches célestes, même au milieu des rugissements et de l'épouvante, tu verras qu'il y a un je ne sais quoi de comique mêlé au spectacle, et qui apparaît et disparaît et reparaît de nouveau. Si tu penses à ta propre vie, tu verras aussi qu'au milieu des moments les plus beaux ou les plus sombres il y avait toujours cette petite pointe de drôlerie qui était comme une épice et comme un grain de poivre. C'est à cause de cette petite pointe qu'en embrassant la vie religieuse j'ai pris le nom de Nasroddîn, car ce Mullah Nasroddîn est un personnage comique pour tous les Mûsûls, et toutes les histoires le concernant sont facétieuses et pourtant ce Mullah Nasroddîn est celui qui connaît les voies de l'Ourane. Et voici, mon fils, que je te fais une espèce de farce, et qui te paraîtra peut-être inintelligible dans les commencements, mais tu verras par la suite que j'ai bien et sagement agi, et cette farce consiste en ceci, que tu seras aux yeux des gens de Noreth le chef de notre expédition, et je leur ai dit, ce qui est vrai, que tu es un grand Seigneur et un patricien de Rûm, et je leur ai également dit une autre vérité, à savoir que tu es vaillant et rusé dans le carnage, mais ensuite j'ai brodé, enrichi et enjolivé ton personnage, de sorte que ces bonnes gens auront une grande crainte de toi, et te prendront pour un Immortel ou un Messager des Dieux. J'ai fait cela pour des raisons que tu ne peux comprendre tout de suite, mais je sais que tu places en moi ta confiance, et que tu tiendras ce rôle que je te donne, et je t'avertis qu'il sera quelquefois dur et pénible, mais tu le tiendras, parce que cela est nécessaire. Mon fils, bien que les Némurions soient en train de se préparer à la guerre, tu conçois bien que cinquante vieillards et une jeune femme ne peuvent descendre les mains nues dans le pays des Némurions et, comme nous ne pouvons passer inaperçus, nous aurons besoin d'une escorte. Je veux que tu tiennes ce rôle de chef et de guerrier en partie parce que nous allons pouvoir de la sorte obtenir qu'un certain nombre d'hommes du village nous accompagnent et nous escortent, et j'espère que nous pourrons obtenir que cinquante ou soixante d'entre eux consentent à venir avec nous, et ces hommes, tu les commanderas, et tu veilleras avec eux sur notre sécurité. »

Quand il eut achevé ce discours, le sage Nasroddîn donna une tape sur le cou de son cheval, et son cheval bondit en avant, et le sage Nasroddîn rejoignit Prajna, et disparut derrière les arbres. Prajna dirigea son cheval vers moi, et nous chevauchâmes sous les arbres, et Prajna était une femme taciturne.

Il ne faisait pas froid, mais l'humidité était grande. Tous les troncs ruisselaient et luisaient et, comme nous étions à cheval, il nous fallait quelquefois nous baisser pour passer sous les branches, et tout ce lieu était tapissé d'aiguilles de pin.

C'était une espèce de grande salle dont le plafond onduleux eût été soutenu par des colonnes moussues. En divers endroits il y avait des buissons qui faisaient comme des murs bruns et crépus et ailleurs il y avait comme des fenêtres par où entrait une lumière blanche et sans éclat.

Je m'approchai de l'une de ces déchirures, et de là on voyait distinctement la montagne où était l'ermitage et il y avait là une falaise qui dominait la vallée. Cette falaise avait à ses pieds tout un moutonnement d'arbres et sur ces arbres roulaient des brouillards, et la falaise était jaunâtre. Elle avait des fronces comme un tissu épais et les brouillards en recouvraient le faîte. A cause de l'élévation, on ne distinguait pas les ouvertures pratiquées par les ermites dans la paroi.

Mon Seigneur, mon divin Frère, j'avais été frappé prodigieusement par les paroles du sage Nasroddîn, et elles me paraissaient extraordinaires dans leur simplicité, et je n'avais jamais songé au cinquième élément et voici que cela m'apparaissait comme une évidence.

Je me souvenais du côté espiègle de la Face Radieuse et des bourrades que me donnait l'Abbé du Vide. Je pensais aussi à Flavien Ibn Gamal et au rôle qu'il avait tenu au début de mes amours avec Aset et plus tard dans le Fort Vespasien, et de ma mémoire montaient mille incidents et personnages dont je t'ai peu ou point parlé, et je le regrette. Peu à peu ma rêverie s'élargissait et s'approfondissait, et les chevaux erraient tranquillement, flairant le sol ou parfois relevant la tête et la secouant.

De Prajna à mes côtés je ne voyais point le visage, mais je voyais sa main sur la corne de la selle, avec des jointures un peu rougies, et quelques cheveux qui dépassaient le bord de son bonnet.

Je vis quelque chose bondir et c'était une minuscule grenouille et il y en avait une autre plus loin et une autre. Le petit bois était plein de minuscules grenouilles qui bondissaient de-ci de-là. On les voyait à peine, car elles avaient le dos marqué de brun et de noir comme les aiguilles de pin et elles étaient toutes petites.

Or le sentier que nous suivions s'élevait, et il nous fallait pour atteindre Noreth franchir le col qui séparait deux pics élevés, et l'automne touchait à sa fin.

A mesure que nous nous élevions, les arbres se rabougrissaient, et le sol durcissait. Nous atteignîmes le point au-dessus duquel commence la neige et pour la première fois de ma vie j'entrai dans ces royaumes étincelants qui sont les demeures des Génies muets.

Il régnait sur ces hauteurs une grande désolation et

une exaltation étrange, parce que l'air était pur et plein d'une strideur imperceptible, que l'on n'entendait point et qui cependant sonnait continuellement dans le creux des oreilles.

Partout le regard ne rencontrait que de la blancheur, et dans cette blancheur s'ouvrait parfois une cavité noire pareille à la gueule d'un ours, qui était une anfractuosité dans laquelle la neige n'avait pas pénétré. Au-dessus de cette cavité noire pendaient des aiguilles de glace.

Toutes les formes étaient arrondies, et les rochers portaient des dômes de neige et les combes se creusaient comme les reins d'une femme.

Ici et là on distinguait comme des éventails de dentelle noire qui étaient des buissons qui avaient secoué leur charge de neige, et parfois il y avait un soupir suivi d'un choc sourd, et c'était un arbre dont une branche avait plié, de sorte que la neige en était tombée.

Sous les rayons de Habolaune la neige devenait si brillante qu'elle brûlait les yeux et dans les creux l'ombre était toute bleue. Lorsque les nuages couvraient le ciel, il y avait une immobilité intense et l'on avançait parmi des châteaux de silence. Il n'y avait pas d'horizon, mais le ciel était comme du marbre, et les sites que nous traversions étaient comme un troupeau de cygnes.

Lorsque nous eûmes franchi le col et que nous commençâmes à redescendre vers la plaine, la neige ne cessa point, parce que l'hiver était venu.

Un soir, nous établîmes notre campement parmi des sapins. Le Mullah Nasroddîn me fit appeler et me fit ouvrir un ballot qui était posé devant lui, sur la neige.

C'était après le lever de l'Athénade et le ciel était pur. La neige était toute rose et scintillante et les sapins semblaient de pourpre. Dans l'ombre la neige était comme de l'argent.

Lorsque ce ballot fut ouvert, je vis qu'il contenait un grand étendard tout brodé et raide. Sur l'une des faces était figurée une licorne et sur l'autre la face de Habolaune entourée de flammes onduleuses et c'était l'étendard des ermites.

De ce ballot furent tirés en outre un casque et une cuirasse en or massif qui devaient par leur poids seul valoir plusieurs beuls et qui valaient bien davantage car ils étaient incrustés de rubis, de saphirs et d'émeraudes, et richement ouvragés.

Sur le poitrail de la cuirasse était figurée la face de Habolaune qui est Râ entourée de flammes onduleuses et sur le casque était sculptée une gueule de dragon dont la visière formait la mâchoire supérieure et qui avait le museau plissé de fureur et des rubis dans les orbites. Tout cela flamboyait étrangement dans la clarté des deux Lunes et au milieu de toute cette désolation et de cette neige.

De ce même ballot enfin fut tiré un grand glaive avec son fourreau et quand je le vis je fus saisi parce que je crus que c'était le glaive de mon père. Ce n'était pas lui, mais c'était une arme de grand Seigneur toute semblable à celle que j'avais vendue afin de libérer Nezamh.

Je vis qu'avec le temps je m'étais tout à fait déshabitué au luxe et à la splendeur de l'orfèvrerie parce que j'étais frappé et curieusement troublé par tout cet éclat, comme s'il y avait eu dans ce métal et ces pierres un pouvoir.

Je fus étonné en pensant qu'il y avait des hommes qui portaient des cuirasses pareilles et que moi-même j'avais fait usage d'un glaive tout semblable à celui que je venais de déballer.

Le sage Nasroddîn, lisant dans ma pensée, me dit : « Et toi, tu es étonné et comme effrayé par tout ceci, mon fils, toi-même qui es un patricien originaire et un duc de ton pays. Imagine donc l'effet que cela produit sur les autres hommes. » Il rit et ajouta : « Et voici, mon fils, comment la mouche se promène impunément sur le nez du Prophète ! »

Il me fit enlever mon vêtement et revêtir une tunique de pourpre et il me fit mettre le casque et la cuirasse. Quand Prajna me vit dans ce costume elle rit de plaisir et battit des mains. Ensuite elle vint pour m'arranger comme aiment à faire les femmes. Elle arrangea mes cheveux, ajusta le casque et recula en clignant des yeux. Le Mullah et ceux d'entre les ermites qui avaient terminé leur travail vinrent la regarder en souriant et en hochant la tête.

Un soir, vers le lever de Thana, comme je chevauchais en avant de notre troupe avec Prajna, j'atteignis un point élevé, et voici ! En bas il y avait des feux et des feux.

Il y avait de lourdes fumées au ras du sol et plus loin des lumières, et encore des fumées et sur la gauche il n'y avait que des enroulements de fumée noire et rousse. Sur la droite du côté de l'horizon il y avait comme un mur de feu qui était un bois tout entier qui brûlait.

On avait le sentiment qu'il n'y avait pas un homme sur toute la plaine, mais seulement des incendies grands et petits, et ces fumées qui rampaient et se tordaient, qui étaient comme des monstres et comme des Chimères avec des ventres roux pleins de palpitations, des ailes membraneuses, des gueules qui rougeoyaient, et qui avaient des queues longues et épaisses et qui se tordaient et se détordaient.

Ailleurs il y avait des flammes droites pareilles à des tours pointues et ailleurs les flammes avançaient et reculaient et semblaient des ramures de cerf. Comme nous étions loin, il n'y avait pas un bruit, mais il y avait une chaleur sur nos faces et une odeur sèche dans l'air.

Nous étions sur un escarpement, et sous le rebord de cet escarpement s'ouvrait un gouffre noir du fond duquel montaient des pointes de sapin, et notre vue s'étendait sur un espace immense. Dans tout cet espace il n'y avait que des incendies, et des ténèbres, et des fumées, et du silence. Il me semblait que notre vue plongeait dans les entrailles de l'enfer.

Bien que la scène fût très différente, elle me rappela la Terre de Ham telle qu'elle m'était apparue quand j'étais caché dans la montagne de Ptah Neter après la mort d'Aset, et mon âme frémit dans mon corps.

Je pensai aussi au Grand Temple des Rûmiens, et je pensai que j'allais descendre dans cet enfer, et que je n'allais point y descendre seul, mais que j'allais y descendre avec Prajna. Cette pensée me révolta, car il me parut que c'était une chose monstrueuse que d'exposer une femme au péril et de la livrer aux démons qui habitaient cet enfer.

Et le sage Nasroddîn et les saints ermites, non, je ne pouvais les faire descendre avec moi dans cette plaine, et je pensai : « Voici ! L'Empereur a envahi cette Province et il a porté la guerre chez les Némurions, et derrière ces flammes et ces ténèbres sont tous les Démons du carnage, et ce serait une folie que d'entrer dans ces lieux et de livrer Prajna et ces saints vieillards au supplice et à la mort. Mais je dois prendre avec moi dans le village de Noreth quelques hommes robustes et rusés qui connaissent les chemins secrets, et je dois descendre seul avec eux dans le pays. Car qui sait ce qui se passe, et ne se peut-il pas que les Némurions remportent la victoire ? Et nous serons torturés et massacrés. Non, je ne peux pas, je ne peux pas descendre avec Prajna et les saints vieillards dans cette plaine, car Prajna est mon amour et ces vieillards sont ma famille, et le sage Nasroddîn est mon père et je ne puis les exposer au carnage. J'irai seul vers l'Empereur et ses Armées. »

Tournant la tête, je vis le visage de Prajna éclairé par le reflet des incendies. Elle avait son visage de tigresse et semblait exulter, et ses yeux luisaient. Je tirai de son fourreau le glaive de l'Abbé de Jautaham et j'en baisai le pommeau. Je le tins droit devant moi et j'adressai une prière à l'Ourane.

Or les gens de Noreth avaient été avertis de notre approche et lorsque je rejoignis notre troupe, je vis qu'ils venaient à notre rencontre. J'allai me placer à la tête de notre troupe pour les recevoir, et le sage Nasroddîn était à ma gauche, Prajna à ma droite.

D'épais nuages couraient dans le ciel, et les rayons des deux Lunes n'arrivaient pas à les percer, il y avait dans le ciel seulement une lueur vague et frémissante et l'on eût dit que le peu de lumière qu'il y avait montait de la neige.

Les gens de Noreth tenaient des torches et des flambeaux, leur Ancien marchait devant eux, qui était un homme décharné, de haute taille, qui portait un casque cornu et une pelisse d'ours. Sous cette pelisse son torse était nu. Il avait des braies fixées aux jambes par des lanières de cuir et un bouclier rûmien et une hache à deux tranchants à la main.

Derrière lui venaient deux hommes jeunes à la mine farouche qui tenaient chacun une torche.

L'un portait une souquenille et par-dessus une vieille cotte de mailles, il avait une plume d'aigle dans les cheveux et un anneau dans la narine. Son compagnon avait une tunique de cuir couverte de plaques de fer, et ses jambes étaient nues. Il avait des cheveux jaunes et une face camuse, sur la tête un crâne de tigre évidé dont la fourrure se hérissait sur le front et pendait dans son dos.

Derrière venaient des hommes armés de diverses façons et portant des torches, et tous étaient maigres, noueux, vêtus de haillons. Mêlées à eux, il y avait des femmes qui leur ressemblaient et qui avaient des yeux fébriles et des expressions hagardes. Beaucoup de ces femmes portaient des enfants enveloppés de chiffons, et certaines avaient le sein nu et allaitaient.

Tous ces gens avançaient en silence et les torches jetaient parmi eux des lueurs sauvages, illuminant tantôt un profil et tantôt un front. On eût dit que des fantômes marchaient parmi eux, et leur nombre semblait grandir et diminuer sans cesse à cause de l'ombre, car il y en avait qu'on ne voyait pas et soudain on les voyait, il y avait comme des formes noires parmi les formes éclairées, et l'on ne savait si c'étaient des gens ou seulement des illusions produites par l'ombre. Ils me parurent à la fois sinistres et pitoyables.

Quand les gens de Noreth me virent dans ma cuirasse et mon casque d'or ils furent interdits, et je devais en effet présenter un singulier spectacle. Il y eut en moi un mouvement difficile à décrire parce que je vis que ces gens étaient interdits et qu'il y avait devant moi comme un espace vide. Je fis un pas et je remplis cet espace. Je veux dire par là qu'il y eut de ma part comme un consentement, parce qu'il y avait un rôle à jouer et un personnage à faire, et ce rôle et ce personnage étaient devant moi et ils étaient dans l'esprit de ces gens et non dans mon esprit et lorsque je fis ce pas je devins ce personnage et je jouai ce rôle.

Il me sembla brusquement que je remplissais ma cuirasse, qu'elle devenait comme ma peau, que le casque était un élément de ma tête et que le glaive était un prolongement de mon bras.

Le Mullah souffla : « C'est bien, mon fils. » Il alla au-devant des gens de Noreth et moi je demeurai où j'étais comme il convenait à un personnage céleste.

L'Ancien avança, vint à moi et me souhaita la bienvenue au nom d'Is et de Miria, parce que ces gens de Noreth étaient des Cruciens. Il baisa mon étrier et dit : « Ce qui est à nous est à toi, et nous te prions de nous bénir au nom du Seigneur Is. »

Je tenais le glaive de l'Abbé de Jautaham dans mon poing. Je l'élevai et le tins au-dessus du front de l'Ancien et je dis : « Que le fils de l'Ourane qui est le Seigneur Is te bénisse. »

Mon Seigneur, mon divin Frère, les voies de l'Ourane sont étranges, et il se produisit alors l'un de ces incidents qui frappent les esprits parce qu'il est difficile de croire qu'ils sont fortuits. Ce sont des incidents très simples, qui ne dérangent point l'ordre des choses, de sorte qu'on se dit : « C'est moi qui leur attribue un sens, et il n'y a là rien de merveilleux. » Mais on ne le croit pas tout à fait parce que ces incidents ont quelque chose de nécessaire et aussi d'imprévu.

Je tenais mon glaive élevé au-dessus du front de l'Ancien. Et quand je l'eus béni, voici ! Les nuages s'écartèrent et les rayons de l'Athénade tombèrent sur le glaive. Cela ne dura qu'un instant, mais les gens de Noreth furent effrayés, et moi aussi, je fus effrayé.

Mon Seigneur, mon divin Frère, il y avait parfois des trouées qui se formaient dans les nuages, par ces trouées paraissaient les rayons de l'Athénade, et ces rayons venaient frapper la neige, de sorte que cet incident n'avait rien de merveilleux et pouvait s'expliquer par le hasard. Pourtant, je sentais que c'eût été une impiété que de l'expliquer ainsi et les gens de Noreth en tout cas y virent un signe. Ils furent effrayés et émerveillés, et ils élevèrent la voix, glorifiant Is et Miria, et il y en eut qui se mirent à genoux, et les femmes élevèrent leurs enfants pour me les montrer afin que je les bénisse.

Ils nous menèrent à leur village et je n'avais que rarement vu jusqu'alors lieu plus pitoyable.

Ce village était comme rencogné parmi des roches, de façon que l'accès en fût difficile. Tout autour les arbres avaient été abattus et les souches en avaient été taillées en forme de pointe, dans les espaces nus on avait planté des pieux de manière que les chevaux ne pussent s'en approcher sans prudence.

Il y avait une enceinte de pieux et derrière cette enceinte il y avait des sortes de huttes et de cabanes à demi enfoncées dans la terre. Partout il y avait des tas d'ordures et de détritus, des ruelles boueuses pleines de neige sale, quelques vaches efflanquées et des cochons qui fouillaient les détritus et des poules qui grattaient. Ces gens vivaient parmi leurs cochons et leurs volailles et l'on eût dit qu'ils vivaient dans des bauges.

Un certain nombre d'habitants de la plaine étaient venus se réfugier dans ces montagnes pour se mettre à l'abri des Némurions, et ils étaient installés dans les alentours sous des tentes et parfois à même la neige et ils avaient fabriqué des abris avec des branchages.

Beaucoup étaient malades. Ils étaient tout ratatinés et jaunis dans leurs haillons, souvent les pieds nus dans la neige, et les enfants avaient un gros ventre et la tête couverte de croûtes purulentes.

Peut-être un millier de personnes vivaient là, en comptant les habitants de Noreth et les réfugiés. Il ne fut pas question de s'établir dans le village même, à cause de la vermine, de la puanteur et du resserrement des lieux, et nous établîmes notre campement dans le voisinage et aussitôt les saints vieillards purent visiter les malades et panser les plaies.

Tous ces infortunés étaient dans la joie à cause de notre venue, et c'était peut-être la chose la plus pitoyable, cette joie qu'ils avaient, et cette vénération qu'ils avaient pour les ermites. Le sage Nasroddîn était grandement ému, et semblait retenir ses larmes, et en même temps il était indigné, indigné par cette misère et cette désolation. Il prenait dans ses bras ces enfants tout couverts de croûtes et vermineux, les embrassait et les faisait rire, car il connaissait toutes sortes d'histoires plaisantes et de jeux propres à amuser les enfants, il semblait ignorer le dégoût, mais ne craignait pas de porter la main dans les plaies les plus hideuses.

Prajna aussi paraissait ignorer le dégoût, lavait les enfants, prenait les mourants contre son sein, les berçait et les aidait à mourir, car souvent il n'y avait rien d'autre à faire.

Comme m'en avait averti le sage Nasroddîn, mon rôle à moi fut pénible et dur à tenir, parce que les gens de Noreth et les réfugiés avaient été grandement émerveillés par ce qui avait eu lieu lorsque j'avais béni l'Ancien. Ils venaient à moi et m'imploraient comme si j'eusse été un Messager des Dieux, et me faisaient venir vers les mourants, les bénir et chasser la peur de la mort.

Les mourants me baisaient la main et le bord de mon manteau, et moi, je les laissais faire, parce qu'en agissant autrement je les eusse enfoncés dans leur désespoir. Ils disaient : « Voici ! Is s'est souvenu de nous, et nos malheurs touchent à leur fin, parce que ces saints sont venus de leur montagne et parmi eux il y a un chevalier en qui séjourne l'esprit des Anges. »

Les saints ermites avaient dans leurs mains la force de l'Ourane. Il leur arrivait de toucher un malade et voici que ses plaies se fermaient et qu'il revenait à la vie. Mais je remarquai que cette force de l'Ourane, les ermites ne l'employaient pas toujours et qu'ils ne guérissaient pas tous les malades. Quelquefois ils les laissaient mourir, et le plus souvent ils les soignaient comme eussent fait des médecins avec des plantes et des potions. J'interrogeai le sage Nasroddîn et je lui demandai : « Pourquoi ne guéris-tu pas tous ces pauvres gens, puisque tu en as le pouvoir ? » Mais il ne me répondit point.

J'allai vers le sage Nasroddîn et je lui dis que je ne voulais point que les ermites descendissent avec moi dans la plaine et que je voulais y descendre seul et laisser Prajna avec eux, à cause du danger. Je lui dis que c'était une chose absurde et folle et fantastique d'aller en troupe dans le pays au milieu de la guerre et qu'ils seraient en sûreté à Noreth et que je laissais Prajna avec eux.

Le sage Nasroddîn se tirailla la moustache, me considéra en souriant et me dit : « Mon fils, tu parles comme un homme qui peut faire un choix et qui a la liberté de prendre une décision qui lui semble raisonnable et juste. Mais, mon fils, tu oublies simplement deux choses et la première est que Prajna te suivra où que tu ailles et même si nous la retenons de force, crois-moi, elle arrivera à tromper notre vigilance et elle descendra seule dans la plaine pour te chercher. »

Je dis au sage Nasroddîn : « Je parlerai à Prajna et je la convaincrai. »

Et lui, me dit : « Tu ne connais point les femmes. » Il ajouta : « Non, mon fils, tu ne connais point les femmes, et elle te suivra que tu le veuilles ou non et telle est la première chose dont tu n'as pas tenu compte. Quant à la seconde, voici ! C'est à la volonté de l'Ourane et à elle seule que nous obéissons, nous autres ermites, et nous ne craignons ni les supplices ni la mort, mais nous faisons la volonté de l'Ourane et c'est lui qui nous a donné l'ordre de descendre dans la plaine. »

Je le regardai et je vis que ses yeux étaient tels exactement que ceux de l'Abbé du Vide et de la Face Radieuse et que je n'avais plus devant moi un homme, mais un être mystérieux et redoutable. Pourtant son attitude n'avait point changé, et il continuait à tirailler sa moustache et à en rouler la pointe entre ses doigts.

Je me prosternai devant lui et je lui dis : « Auguste Seigneur, je te supplie de reconsidérer ta décision, et de voir que l'Ourane ne peut pas vouloir que tu descendes dans la plaine au milieu de la guerre et de l'épouvante. » Mais lui, dit : « Que sais-tu de l'Ourane ? »

Je ne sus que répondre, mais je le suppliai une seconde fois. Et lui, il mit sa main sur ma tête et me dit de nouveau : « Que sais-tu de l'Ourane ? » Il me sembla que c'était la main de l'Ourane qui me touchait, et je tremblai de tout mon corps, parce que cette main est terrible.

Après cet entretien, je mis mes craintes derrière moi et je m'occupai exclusivement à préparer notre descente dans la plaine.

L'Ancien consentit sans peine à me donner soixante hommes, parce qu'il vénérait les ermites et que j'étais à ses yeux et aux yeux de ses peuples un personnage merveilleux avec lequel on ne discute point.

Loin de barguigner, il parut croire que je lui faisais un grand et un très grand honneur en lui demandant de nous fournir une escorte. Les hommes de Noreth de même lorsqu'ils apprirent que soixante d'entre eux auraient le privilège de nous accompagner, ils voulurent tous avoir ce privilège et cette gloire, et le désir de participer à notre expédition étouffa en eux la crainte.

Ils se pressèrent autour de moi et chacun se vanta de sa force, de sa ruse et de sa vaillance, et l'on eût dit que je leur faisais une faveur en les invitant à placer leur tête entre les mâchoires d'Ounêbo.

Mon Seigneur, mon divin Frère, lorsque vint le moment de choisir parmi les gens de Noreth ceux que je désirais prendre avec moi, je vis que le sage Nasroddîn avait eu raison, et que toujours un élément comique se mêle à tout ce que fait l'Ourane, car tout misérables que fussent les gens de Noreth, il y en avait qui se croyaient plus nobles que les autres et d'un sang plus pur et d'une origine plus exaltée, et qui pensaient que c'était sur la grandeur de leur nom bien plutôt que sur la vigueur de leurs bras que je devais me fonder pour faire mon choix.

Je dus leur dire que ce choix, ce n'était pas moi qui le faisais, mais que c'était le Seigneur Is, et je dus les amuser de belles paroles, leur rappeler que les voies de l'Ourane ne sont point celles des hommes et les assurer que moi, si j'avais été le maître, je n'eusse pris en considération que la magnificence de leur extraction, mais que j'étais le serviteur de la volonté divine et que je choisissais parmi eux les hommes que me désignait le Saint Ange qui me guidait.

Durant ces jours, je fus heureusement trop occupé pour songer beaucoup aux dangers qui nous attendaient et aux risques monstrueux de notre expédition. Mais parfois je m'isolais et me cachais sous mon manteau pour pleurer, car il me semblait que notre entreprise était folle et horrible. Je voyais Prajna déjà égorgée et baignant dans son sang, les ermites mutilés et cloués sur des croix, et mille images funèbres et atroces habitaient mon esprit.

Il me fallut un mois pour compléter mes préparatifs, et je ne te cacherai pas que je ne mis aucun empressement à les compléter parce que ma crainte était grande. Je me disais aussi que si je voulais obtenir la protection de Mijhel au sabre tournoyant, cette protection je devais la mériter, et que je devais faire tout ce qui était en mon pouvoir pour mettre de mon côté la fille de Herm, qui est la Fortune.

Enfin notre troupe s'ébranla et nous étions plus de cent personnes, les uns allant à pied, les autres chevauchant, avec de plus une dizaine de mules et de baudets lourdement chargés et une grande charrette dont l'essieu criait comme un porc qu'on égorge. L'un des hommes de Noreth portait l'étendard des ermites. Un autre embouchait un buccin dont le son était énorme et strident et pareil au mugissement d'un taureau. Parfois une sorte de grincement bizarre traversait ce mugissement et faisait penser au bruit que fait une scie.

Tout le village nous accompagna, et l'Ancien était dans la joie. Malgré le froid, il avait le torse nu avec une peau d'ours jetée sur les épaules et comme il était vieux la chair pendait sur ses os comme des sacs flasques, la peau du ventre paraissait toute craquelée et les muscles flottaient sous sa peau comme des cailloux.

Il avait sur la tête un casque rûmien bosselé sur lequel il avait fixé un bouquet de plumes de corbeau parce que l'aigrette en était tombée et il avait autour du cou un collier de griffes d'aigle.

Derrière lui venaient des hommes qui soufflaient dans des buccins dont le son était comme celui d'un mugissement et comme celui d'une scie, et les femmes avaient de grands yeux noirs et les cheveux noués avec des lanières de cuir. Elles ne pleuraient pas, mais elles allongeaient le cou et serraient les lèvres, et elles étaient hagardes. Elles contemplaient qui leur fils, qui leur mari, qui leur frère, et portaient des enfants enveloppés de haillons, la peau collait aux pommettes de ces femmes, leurs yeux étaient comme des joyaux et elles avaient le cou long et maigre et de grands pieds noirs.

Nous descendîmes la pente et dans les intervalles des sapins le ciel était comme une voûte de marbre.

Quand nous fûmes à l'entrée de la plaine, je levai le bras, et tous suspendirent le pas et je haranguai les gens du village, les remerciai de leur hospitalité, les bénis au nom du Seigneur Is, de Miria sa mère et de Magadalên qui est Houênon.

Parmi les hommes du village ceux qui restaient contemplaient notre escorte avec jalousie et ceux qui partaient poussaient de grandes clameurs et brandissaient leurs armes. Les femmes coururent vers eux et les embrassèrent avec une sorte de grâce farouche, mais aucune ne pleura, et lorsque nous fûmes entrés dans la plaine la solitude nous enveloppa soudain, parce que la plaine était immense avec ici et là des collines basses, des bosquets de bouleaux et de châtaigniers, et toute la plaine était couverte de neige et cette neige avait l'éclat de l'ivoire.

Durant plusieurs jours nous n'eûmes que le ciel sur nos têtes et la neige sous nos pas. Les fermes et les villages que nous passions étaient déserts ou ne contenaient que quelques vieillards. Je chevauchais à l'avant de notre troupe, accompagné de Prajna et du sage Nasroddîn et je m'entretenais avec lui.

Mon Seigneur, mon divin Frère, je ne me suis pas étendu sur nos préparatifs, parce que tu es un homme de guerre et depuis ta jeunesse tu vois Ounêbo face à face. Je ne veux pas te lasser avec ces explications dont tu n'as aucun besoin, attendu que je t'en ai assez dit sur Noreth et la situation pour que tu puisses te former une image exacte de notre armement et des moyens dont nous disposions pour nous défendre contre les pillards et les brigands.

Cependant, il me paraît nécessaire de te donner quelques détails, afin de te montrer que si téméraire et même si folle que fût cette expédition à travers le pays des Némurions, nous n'étions tout de même pas tels que des agneaux devant le tigre et que si nous étions attaqués nous avions malgré la petitesse de notre troupe des moyens de défense réels.

Je te parle de ces choses, car au début de la seconde semaine il y eut un engagement, et nous eûmes à nous mesurer avec les Némurions. Cet engagement eut de grandes et de très grandes conséquences et marqua le véritable commencement de notre entreprise.

D'abord il importe que tu te souviennes des paroles que prononça le Mullah Nasroddîn quelques nuits avant que nous quittassions la sainte vallée et que tu te souviennes que les gens de Noreth connaissaient les Némurions et vivaient depuis l'invasion au milieu de ces peuples. Ils ne les craignaient point. Chacun des hommes qui nous accompagnaient avait tué au moins un Némurion, ils habitaient de plus une région infestée de bêtes féroces et c'étaient des chasseurs vaillants et expérimentés.

Ils possédaient des arcs comme je n'en avais jamais vu, et ces arcs avaient été conçus pour la chasse au tigre et lançaient des flèches grosses comme des javelots. Ces arcs avaient une puissance telle que lorsqu'un archer vigoureux en manipulait un, sa flèche s'enfonçait d'une coudée dans un billot de chêne. Ils avaient aussi de très grands boucliers, dont la forme imitait celle d'un berceau et qui étaient garnis d'un crin épais.

Enfin, j'avais fait fabriquer des piques afin que nous pussions former un hérisson en cas que nous fussions attaqués par la cavalerie et c'était à fabriquer ces piques et à inculquer à notre escorte quelques principes de discipline que s'était passé le temps entre notre arrivée à Noreth et notre descente dans la plaine.

Mon Seigneur, mon divin Frère, la plaine paraissait infinie, le ciel était gris et brun et il y avait sur les hauteurs des bouquets de bouleaux et de châtaigniers, et si nous passions souvent devant des ruines et des décombres, il nous arrivait aussi de passer dans le voisinage de fermes intactes où il y avait quelques vieillards.

Ces fermes n'étaient rien d'autre que des enclos de piquets avec une large porte surmontée le plus souvent d'un crâne de bœuf ou de cheval, mais souvent devant l'entrée il y avait d'autres piquets disposés au hasard et sur ces piquets il y avait des crânes humains et une fois nous passâmes devant une ferme et il y avait à la pointe de chacun des piquets formant l'enclos un crâne humain.

A l'intérieur il y avait des bâtiments en forme de tente, et dont les toits descendaient jusqu'à terre. Ces toits étaient couverts de chaume et au fond était élevé un mur de boue et de cailloux. Devant ces bâtiments il y avait quatre perches soutenant un toit sous lequel il y avait un chaudron et il y avait là quelques vieillards accroupis et roulés dans des peaux de bêtes.

Ils semblaient n'avoir rien à manger, mais ils

demeuraient accroupis dans la saleté, avec leurs grandes mains grises qui pendaient devant eux.

Le pays était très découvert, et la troupe qui nous attaqua fut visible de loin, de sorte que j'eus le temps de disposer mes hommes et de nous mettre en état de défense. Je donnai un poignard à Prajna pour qu'elle ne tombât pas vivante entre les mains des Némurions.

Quant aux ermites ils se mirent derrière nous adossés à un bouquet de bouleaux et de châtaigniers qui était dans notre dos et qui était plein de broussailles, de sorte qu'il était impossible que les chevaux y pénétrassent. Il y eut alors une longue attente, pendant que cette troupe avançait, et les Némurions approchaient en désordre et sans prendre de précautions et l'on eût dit que l'espace qui était entre eux et nous ne diminuait pas, et que le temps s'était arrêté. Il y en avait qui portaient des lances et il y avait des fanions au bout de ces lances qui claquaient et il n'y avait qu'un bruit de sabots qui ressemblait confusément au battement d'un cœur.

Ils étaient environ une centaine et quand ils furent près de nous, je vis qu'ils ne différaient pas grandement par l'aspect et le vêtement des gens de Noreth, sauf que leurs chevaux étaient superbes et leurs armes belles. Certains malgré le froid avaient le torse nu et une peau d'ours ou de sanglier jetée sur les épaules. La plupart avaient des tuniques garnies de plaques de fer, et tous avaient des boucliers ronds, des glaives dans la ceinture ou accrochés à leur selle, et certains tenaient une hache à double tranchant et certains un fléau. Sur la tête ils avaient soit des casques cornus, soit des hures de sanglier, et certains avaient des plumes dans les cheveux.

Ils approchèrent au trot et voyant les piques du hérisson ils s'arrêtèrent pour nous observer et je pensais qu'ils allaient peut-être repartir sans nous attaquer. Aussi je donnai l'ordre aux archers de ne point tirer, afin de ne point exaspérer les Némurions et dans l'espoir qu'ayant satisfait leur curiosité ils s'en iraient.

Mais l'un poussa son cheval et vint nous demander qui nous étions. Il avait un torse large et blanc comme du lait, des cicatrices sur les épaules et sur les bras.

Je me montrai et quand il vit mon casque et ma cuirasse il fut surpris et je lui dis que j'avais été chargé d'escorter de saints ermites qui habitaient dans la montagne, que c'étaient des hommes de paix et qu'il n'y avait point de raison de les molester. Et lui, se tourna vers ses compagnons et cria : « Ce sont des paysans et il y en a un qui a une armure en or ! » Alors toute leur troupe s'ébranla et commença de gravir la petite pente au sommet de laquelle nous étions.

Ce fut très étrange, parce qu'ils montaient lentement et en désordre et moins comme s'ils eussent eu l'intention de nous charger que de nous voir mieux, mais ils élevaient qui sa hache, qui son fléau, et l'on eût dit qu'ils ne voyaient pas nos piques.

Quand ils furent proches je donnai l'ordre de tirer et les flèches jaillirent en soupirant et je les vis qui volaient vers les Némurions comme une nuée d'oiseaux. Subitement il y eut un tumulte et des chevaux qui se cabraient et qui tombaient les uns sur les autres et des hennissements affolés et des cris d'homme. Ceux des Némurions qui se trouvaient derrière et abrités par les premiers poussèrent leurs chevaux et jetèrent un cri de guerre et des chevaux vinrent s'empaler sur les piques avec un craquement épouvantable, mais derrière il y avait encore des Némurions qui hurlaient et glapissaient, ils avançaient là où les piques étaient cassées et enfoncées dans les corps des chevaux et mes hommes reculaient parce que les chevaux blessés donnaient des ruades épouvantables et s'embarrassaient dans les piques. Je poussai mon cheval à l'endroit par où venaient les Némurions, tenant le glaive de l'Abbé de Jautaham.

Un Némurion vint sur moi et je lui tranchai la gorge et ce fut comme si j'eusse donné un coup dans une motte de beurre. Il tomba en travers, de sorte que sa chute fit faire un écart au cheval qui suivait et mon glaive entra dans le ventre du cavalier comme dans un sac ou une outre. Les Némurions reculèrent et redescendirent la pente et comme ils redescendaient je donnai l'ordre aux archers qui avancèrent rapidement et tirèrent une seconde volée qui atteignit des chevaux à la croupe et blessa deux Némurions qui poussèrent des hurlements, s'enfuirent soudain au grand galop et quand le vertige de la mort les saisit ils tombèrent de leurs selles tandis que leurs chevaux affolés continuaient à fuir.

Sur la pente il y avait plusieurs chevaux blessés qui ruaient et se cabraient et qui avaient les uns le ventre ouvert, les autres les pattes cassées ou les muscles des cuisses tranchés. Ils se traînaient, essayaient de se relever et s'effondraient.

Les deux Némurions que j'avais tués étaient renversés dans la neige et ils avaient été piétinés. L'un était presque entièrement enfoncé dans la neige et quant à l'autre il était recroquevillé sur les genoux avec les bras repliés sous lui et il avait autour de lui d'affreuses traînées de sang et de viscères.

Il y avait encore deux Némurions qui étaient percés de flèches et empalés sur les piques et j'allai rapidement à eux et je les égorgeai.

Parmi les nôtres, il y en avait un qu'un fléau avait éraflé et un autre dont le bras saignait, mais c'était tout et les gens de Noreth avaient reformé le hérisson. Je fus heureux de voir que pas un n'avait faibli dans le carnage et je les louai grandement. Mais je fus effrayé de voir que nous avions tué si peu d'ennemis car nous n'en avions tué que six en tout et maintenant ils allaient certainement vouloir se venger et tous nous massacrer, ou bien ils pouvaient feindre de s'éloigner et nous tendre une embuscade ou bien encore chercher des renforts.

Mais il se passa ceci de singulier que les Némurions revinrent sur nous et nous chargèrent exactement comme la première fois, sauf que cette fois ils gravirent la pente au galop et en criant.

Ils se ruèrent tous ensemble sur le hérisson, je donnai l'ordre de tirer et plusieurs chevaux et cavaliers furent touchés par les flèches, ce qui mit la confusion et le désordre dans les rangs des Némurions, ils arrivèrent sur les piques et de nouveau il y eut des craquements et des hennissements et plusieurs Némurions parvinrent à franchir la ligne des piques et fondirent sur moi.

Je tirai mon second glaive, poussai mon cheval entre deux Némurions, renversai l'un tandis que je passais l'autre glaive, celui qui ressemblait au glaive de mon père, à travers le corps de l'autre et un troisième Némurion me courut sus, mais l'un des gens de Noreth cassa la patte de son cheval d'un coup de hache et le dernier Némurion, voyant cela, tourna bride et s'enfuit.

Celui dont le cheval avait eu la patte cassée tenta de se relever, mais les gens de Noreth le tuèrent à coups de matraque. Je poussai mon cheval, armé du seul glaive de l'Abbé de Jautaham, la plus grande partie du hérisson était intacte, et des cavaliers Némurions allaient et venaient devant cette muraille de piques en hurlant des injures et essayaient de les repousser ou d'en casser les pointes, et les archers les harcelaient de flèches, tantôt blessaient des chevaux, tantôt des cavaliers, et à l'endroit où les Némurions avaient fait leur percée il y avait des chevaux tombés qui ruaient et se cabraient, si bien que la masse des Némurions ne pouvait passer et ils tournaient et retournaient et s'empêtraient les uns dans les autres, et leurs chevaux affolés par l'odeur du sang et par le bruit ruaient et devenaient ingouvernables et les hommes de Noreth avançaient en s'abritant sous leurs boucliers.

Parfois ils arrivaient à couper les jarrets d'un cheval et il y avait plusieurs Némurions qui étaient descendus de leurs montures et eux, ils avaient le dessus, repoussaient les hommes de Noreth, fendaient leurs boucliers à coups de fléau, bondissaient en avant et les repoussaient encore. Je vis une hache s'abattre et fendre en deux la tête d'un de mes hommes.

J'appelai trois piquiers qui étaient inutiles, sautai à bas de ma monture et nous courûmes sus aux Némurions qui étaient à pied. Brusquement ces Némurions furent saisis d'effroi et glacés, j'en tuai un et deux des piquiers attaquèrent simultanément un autre et les autres reculèrent, et de nouveau les Némurions descendirent la pente.

Un homme de Noreth arriva avec le glaive que j'avais laissé dans le corps du Némurion que j'avais tué et il me le rendit et voyant les Némurions refuir les hommes de Noreth poussèrent des cris de triomphe. Cette fois nous avions réellement vu Ounêbo face à face et il y avait une quinzaine de chevaux plus ou moins gravement touchés et des Némurions qui avaient pénétré dans le camp cinq avaient été tués dont deux par moi, et les archers en avaient tué une dizaine.

Il me souvient que tout au milieu du carnage j'eus le temps de penser qu'on gagne les batailles avec de bons hommes de pied et avec de bons archers et que la cavalerie est belle, mais qu'elle n'a point de vraie force.

Et nous, nous avions trois morts et un blessé qui hurlait, se lamentait et appelait sa mère, et deux ermites étaient auprès de lui avec Prajna.

Il y avait sur la pente des cadavres pleins de flèches qui ressemblaient à des buissons dont les racines eussent été du sang, et encore et partout il y avait ces grands membres des chevaux qui s'agitaient et ces bêtes qui montraient leurs yeux tendres et désespérés et leurs museaux couverts d'écumes sanglantes et qui ruisselaient de sueur et essayaient pitoyablement de se relever.

Les hommes de Noreth qui ne supportaient pas mieux que moi cet abominable spectacle sortirent le glaive à la main, coururent sur la pente et tuèrent les chevaux blessés sans que les Némurions intervinssent.

Les Némurions semblaient étonnés par notre résistance et plus perplexes que furieux. Ils se rassemblèrent et s'entretinrent ensemble et je vis qu'ils étaient encore nombreux et que nous n'étions pas au bout de nos peines. J'allais vers les hommes de Noreth et je les louai grandement et aussi je les critiquai. Je dis aux piquiers que dès que l'assaut avait eu lieu, ceux d'entre eux qui ne tenaient point directement la ligne devaient garder l'œil sur l'ensemble pour courir sus aux Némurions qui parvenaient à la rompre. Eux, ma conduite dans le carnage les avait grandement exaltés et ils croyaient la victoire acquise.

Or l'un des Némurions, qui était très grand, remonta la pente, m'appela et dit : « J'ai vu que tu es un chevalier et un Prince des Rûmiens, et si tu te livres à nous, tu auras la vie sauve et nous t'échangerons contre l'un de nos Princes qui est tombé entre les mains de ton Empereur. »

J'avançai et je lui dis : « Va donc vers tes compagnons, si tu as en toi la crainte de l'Ourane, car tu attaques des hommes saints et qui sont chers aux

Dieux, et ce n'est pas une guerre loyale que tu fais, mais tu déshonores ton père et ton père sera maudit si tu t'obstines à nous attaquer. »

Il me parut que ces paroles frappaient le Némurion, et il s'en retourna vers ses compagnons. De nouveau il y eut entre eux une palabre, et il y eut comme une querelle et une dizaine d'entre eux tournèrent bride et s'en furent au trot à travers la plaine, sans qu'il fût possible de discerner s'ils se dissociaient des autres et abandonnaient la partie ou s'ils allaient chercher des renforts.

Le grand Némurion approcha de nouveau et me dit : « Qui donc es-tu et que fais-tu avec ces paysans ? » Je lui dis : « L'Ourane m'a donné une sainte tâche et il m'a chargé de veiller sur ces ermites de la montagne qui se rendent vers leurs frères et ce glaive que tu vois dans ma main a été forgé par les Anges et aucun homme ne peut avoir raison de moi à cause de ce glaive. Ces paysans qui sont avec moi, ils sont venus par amour de l'Ourane et pour aider et soigner ces vieillards que j'escorte. Ainsi tu te rends grandement coupable aux yeux de l'Ourane en ne voyant point à qui tu as affaire. »

Les autres Némurions se penchaient en avant sur leurs selles pour entendre, me considéraient avec attention et ne semblaient savoir que penser. Mais l'un d'entre eux fut pris d'une subite fureur, et il éperonna son cheval et vint sur moi le glaive haut. C'était un homme très jeune. Il était hors de ses esprits et il se rua vers moi dans l'ivresse et comme il abattait son glaive je glissai le mien dans son aisselle. Son cheval vint buter sur le mien et je lui donnai de l'autre glaive un coup de taille au travers du visage et mon cheval recula. Je tirai du corps de ce Némurion le glaive de l'Abbé de Jautaham et le tins levé. Le jeune homme s'affaissa et l'un des hommes de

Noreth se saisit du cheval et le cheval s'ébroua à cause de l'odeur du sang.

Alors un homme de Noreth avança et cria aux Némurions : « Ne voyez-vous pas que c'est un Ange du Très Haut à qui vous avez affaire et que la puissance de l'Ourane est en lui et que vous n'avez point affaire à un homme ordinaire ? »

Les autres hommes de Noreth se joignirent à celui qui venait de parler, ils répétèrent et crièrent ces paroles et d'autres semblables. Mon Seigneur, mon divin Frère, ces paroles certes n'étaient point véridiques et je n'étais que le fils de ma mère. Cependant il est avéré qu'au milieu du carnage il y a comme un esprit mystérieux qui rôde et que dans ces moments les hommes qui voient Ounêbo face à face ne pensent ni ne sentent comme ils font d'ordinaire. Il me semblait que je possédais une force beaucoup plus grande que celle dont je disposais vraiment, et je constatais que j'étais parfaitement maître de moi et calme.

Le grand Némurion me dit : « Est-ce vrai, ce que disent ces hommes ? » Je ne répondis pas, mais je le regardai dans les yeux et je vis qu'il ne soutenait pas mon regard et qu'il était mal à son aise. On était à la fin du jour et près de l'horizon Râ parut sous les nuages et mon armure et mon casque s'enflammèrent.

L'un des Némurions cria : « Mais nous n'allons pas laisser quelques paysans nous arrêter et nous humilier ! » Et tous poussèrent leur cri de guerre et de nouveau ils vinrent sur nous. Mais ils étaient déconcertés, et les hommes de Noreth répondirent au cri des Némurions par un cri et ils crièrent : « Par l'Archange saint Mijhel ! » Comme les Némurions arrivaient au sommet de la pente les ermites se montrèrent derrière les piquiers élevant leur étendard qui brillait et rayonnait dans la lumière de Râ.

Je m'étais mis derrière les piquiers et les ermites étaient autour de moi et les Némurions n'osèrent se mettre à portée de nos arcs et ils se mirent à tourner et à retourner en proie à l'hésitation.

Bien que ce fussent des hommes stupides, ils voyaient qu'ils n'avaient plus sur nous un grand avantage par le nombre et que cette affaire n'était point aussi facile qu'ils l'avaient cru. L'ardeur du combat s'était dissipée et je crois bien que seul l'orgueil les contraignait encore à demeurer là. Soudain il y eut un changement dans les esprits et ils abandonnèrent le combat et s'en furent.

Mon Seigneur, mon divin Frère, je ne puis te conter dans le détail ce qui eut lieu ensuite parce que moi-même je ne m'en souviens pas clairement et lorsque je repense à ces moments je ne vois distinctement que le visage de Prajna et tout autour il n'y a qu'un remuement et une rumeur.

J'étais couvert de sang de la tête aux pieds et lorsque je descendis de cheval Prajna s'agenouilla et me baisa les genoux et les mains. Son visage resplendissait d'orgueil et des lances de feu bondissaient dans ses yeux. Ses joues étaient empourprées et elle avait la lèvre retroussée dans une sorte de sourire et cette grande sauvagerie qu'elle avait en elle sortait par tous les pores comme une lumière.

Elle était repue et satisfaite et telle qu'elle était après que nous avions honoré la Phrodite et le Dieu de violence était descendu en elle. Plus tard j'appris qu'elle s'était jointe au combat et qu'elle avait égorgé l'un des Némurions qui était blessé. Les hommes de

Noreth la considéraient avec une sorte d'effroi et c'était une femme sauvage et terrible.

J'interrogeai le sage Nasroddîn qui me dit que les Némurions ne reviendraient pas. Il me dit qu'ils allaient attribuer la mauvaise tournure qu'avait prise pour eux cette rencontre aux Dieux et répandre parmi les leurs le bruit que notre troupe était sous la protection d'un esprit céleste. Il me dit que pour cette nuit tout au moins nous n'avions rien à redouter de leur part et que cet engagement pouvait avoir pour nous des conséquences heureuses, parce que les Némurions qui auraient entendu les discours de ceux qui nous avaient attaqués y regarderaient à plusieurs fois avant de s'en prendre à nous.

Les hommes de Noreth vinrent me dire que j'avais de ma main tué sept hommes, sans compter les blessés que j'avais achevés, et je vis qu'eux aussi me prenaient pour un esprit céleste et qu'ils n'étaient pas loin de croire que j'étais l'Archange saint Mijhel qui est le nom que donnent à Hor les Cruciens.

J'allai sur le lieu du combat et j'élevai les mains au firmament comme me l'avait enseigné Sorcade et j'implorai la merci de l'Ourane.

La cendre se mêlait à l'or et les nuages se dissipaient. Les deux Lunes étaient pleines et toute la nuit il y eut dans l'air un mélange d'or et de cendre parce que les nuages diffusaient le rayonnement des deux Jalouses et que la neige le renvoyait.

Les hommes de Noreth furent grandement frappés par ma prière. Ils se mirent à genoux et implorèrent à leur tour l'Ourane et c'étaient des hommes brutaux, mais mes façons les frappaient et les troublaient. Ils se souvenaient que leur Dieu, le Seigneur Is, haïssait le carnage.

J'élevai la voix et je dis à l'Ourane : « Ces hommes qui nous ont attaqués, nous ne leur voulions aucun mal, et maintenant, ceux d'entre eux qui sont morts, nous pleurons sur eux comme s'ils étaient nos propres frères, et c'étaient des hommes qui ne te connaissaient point, Père du Monde, Roi du Commencement et de la Fin, et je te prie de les juger avec tendresse lorsque leurs âmes paraîtront devant ton Trône, parce que ce sont tes enfants et ils ne savaient point ce qu'ils faisaient. Quant à nous, qui te connaissons et t'aimons, nous avons horreur de nous-mêmes et du sang qui est sur nos mains, et nous te prions et te supplions de nous pardonner. Si tu veux nous châtier, châtie-nous, et nous consentons d'avance à tout, parce que nous savons que tu es juste, mais nous voici dans un pays où règnent Iblis et Satan et nous ne pouvions faire autre chose que ce que nous avons fait. »

Alors le sage Nasroddîn se leva, nous bénit au nom de l'Ourane et nous dit que l'Ourane avait permis que ce combat eût lieu afin de nous sonder et de nous éprouver. Il dit que l'Ourane avait été à notre côté durant le combat, que nous avions été vaillants et que nous étions purs devant le firmament. Les ermites élevèrent la voix et chantèrent un chant solennel. Ils étaient cinquante hommes et leur voix était grande et semblait emplir toute la plaine.

Nous établîmes là notre campement et nous plantâmes notre étendard au milieu. Malgré la fatigue nous élevâmes des retranchements et nous enterrâmes les morts, les Némurions au pied et les hommes de Noreth au sommet de la colline. Cinq hommes de Noreth avaient été tués, et nous les pleurâmes. Bien que la fatigue fût grande, tous étaient dans l'excitation et ne pouvaient se reposer, mais ils dépecèrent les chevaux morts et en mirent à rôtir les cuisses.

J'avais observé que Prajna ne s'était pas jointe à moi quand j'avais invoqué l'Ourane et voici ! Quand nous fûmes rassemblés autour des feux, elle prit son luth, se tint debout au milieu des gens de Noreth, chanta la chanson du carnage et ajouta : « Mon Seigneur est grand dans le carnage et il est le maître de la mort, et la puissance de l'Ourane est dans son bras et l'indignation de l'Ourane est dans son glaive. Ceux qui le voient reculent devant sa face et ceux qui entendent son nom tremblent, car ils connaissent que l'Ange vengeur approche et ils sont devant lui comme des moutons devant le tigre. Et vous, exultez et triomphez, parce que vous entrez dans ce peuple comme un glaive entre dans la chair et l'Ourane lui-même tient ce glaive et vous, chassez devant vous ces peuples infâmes, car ils sont haïs des Anges et leurs voies sont celles des ténèbres. »

Plus tard lorsque je pus m'entretenir avec le sage Nasroddîn au sujet de ce combat, je lui dis que les façons des Némurions m'avaient étonné, parce qu'ils n'avaient fait preuve d'aucune ruse et qu'ils avaient perdu beaucoup de monde d'une manière imbécile. Ce fut le lendemain que je lui parlai ainsi, pendant que nous chevauchions dans la plaine.

Le sage Nasroddîn me dit : « Dans le monde entier la guerre est glorifiée et il n'est point de gloire comparable aux yeux des hommes à celle que donnent les armes. Mais en vérité, mon fils, la guerre est le royaume de la sottise, et les grands capitaines sont simplement des hommes un peu moins sots que leurs ennemis et tout l'art de la guerre consiste à tromper l'adversaire et à lui faire croire que l'on est ici quand on est là. Ainsi, ton adversaire rassemble ses forces en un point et tu l'attaques en un autre, et tu pourras lire tous les historiens et étudier toutes les campagnes, jamais tu n'y trouveras autre chose que cela. Et seuls sont grands les hommes de guerre qui haïssent la violence et qui prennent les armes parce qu'ils ne peuvent faire autrement. Mais tous les autres ne sont que des bêtes plus ou moins rusées. Avec cela ils sont bouffis d'orgueil parce qu'ils ont massacré des gens plus faibles qu'eux et parce que la crainte de la mort ne se met pas dans leurs entrailles. Mon fils, je te dirai au surplus ceci, et c'est que presque tous les récits sont menteurs, parce que les batailles n'ont point ce caractère propre et bien fait qu'on leur attribue dans les livres, mais partout se met la confusion, l'effroi et la folie, parce que les hommes voyant ouvertes les mâchoires d'Ounêbo se jettent les uns contre les autres et ne savent ce qu'ils font. Crois-moi, mon fils, toute cette gloire qui vient de la guerre et qui éblouit les hommes n'est que du vent et il n'y a rien dedans, mais cette gloire est comme une vessie de porc gonflée d'air et elle n'a point de consistance. »

Mon Seigneur, mon divin Frère, le Mullah Nasroddîn avait vu juste en disant que les Némurions attribueraient aux Dieux l'insuccès de leur attaque.

Quand ils eurent rejoint le gros de leur troupe ils racontèrent qu'ils avaient vu dans les nuées derrière nous une légion céleste qui avançait et des Génies vêtus de flammes sur des chevaux vêtus de flammes. Ils racontèrent que cette vision les avait frappés de terreur, qu'une mystérieuse faiblesse s'était mise dans leurs membres et une non moins mystérieuse faiblesse dans leur pensée.

Ceux qui entendirent ce récit se hâtèrent de l'enjoliver et de l'embellir et de le raconter à d'autres. Tel fut le commencement de cette rumeur qui nous accompagna et nous enveloppa durant toute la guerre. Au début, cette rumeur fut une petite chose, et si certains écoutaient les récits qu'on faisait à notre sujet avec des yeux comme des tonneaux, certains s'en riaient, se gaussaient de ceux qui les faisaient et plus encore de ceux qui ajoutaient foi à ces merveilles.

Mais la rumeur ne cessa de grandir et de prendre de la consistance, parce qu'à mesure que nous approchions des forêts qui recouvrent le centre du pays il nous advint de rencontrer tantôt des cavaliers isolés, tantôt de petites bandes qui se rendaient à Varm et qui pour des raisons quelconques avaient tardé à répondre à l'appel du Roi des Némurions, lequel avait levé l'Etendard du Grand Péril.

Ces bandes étaient composées de dix ou de vingt hommes et n'étaient point assez fortes pour nous attaquer. Mais les Némurions venaient à nous et quand ils voyaient mon costume doré et les ermites groupés autour de notre étendard, ils étaient dans la stupeur et l'on eût dit qu'ils avaient oublié le nom de leur père.

Parfois ils se contentaient de nous observer avec des yeux comme des tonneaux, tournaient bride au bout d'un moment et s'enfuyaient comme s'ils avaient aperçu un Dragon. Parfois ils nous interrogeaient et nous pressaient de questions, et n'arrivaient plus à se détacher de nous, mais trottaient à nos côtés avec des physionomies consternées.

Ensuite quand ils rejoignaient leurs peuples ils se hâtaient de raconter ce qu'ils avaient vu. Souvent ceux à qui ils parlaient avaient déjà entendu parler de nous, de sorte que nous devenions des objets de curiosité et que les Némurions formaient mille conjectures à notre sujet.

Ils me donnèrent un nom et m'appelèrent le Chevalier d'Or. Quant aux ermites, leur présence même étonnait et troublait grandement les esprits et donnait une consistance aux fables les plus extravagantes parce qu'il était impossible que cinquante vieillards traversassent en temps de guerre tout le pays des Némurions, et pourtant cette chose impossible se produisait. Comme les jours passaient, les Némurions devenaient nombreux qui l'avaient vue de leurs yeux et, comme elle demeurait impossible tout en étant réelle, elle leur semblait miraculeuse.

Ainsi, comme l'avait prévu le sage Mullah, l'étrangeté même de notre entreprise nous protégea. Quant à moi, je compris la nature du rôle que me faisait jouer le sage Mullah et je me montrai aux Némurions dans ma superbe carapace et leurs tins un langage solennel et menaçant, ce qui produisit un grand effet et les persuada peu à peu que l'esprit du saint Mijhel séjournait en moi.

Cela dit, je dois ajouter que tous les Némurions n'étaient pas si facilement émerveillables et, pendant que nous étions encore dans la plaine, il se produisit encore plusieurs incidents. Nous fûmes attaqués une seconde fois, et je perdis cinq hommes et j'eus sept blessés dont trois gravement. Mais je ne te conterai point cet engagement, qui fut semblable au premier.

Il arrivait qu'une bande s'approchât et voyant la puissance de nos arcs, la solidité et la longueur de nos piques, elle tournait et retournait autour de nous en nous accablant d'injures et de quolibets. Et l'un des Némurions descendait de son cheval, abaissait ses braies, nous montrait ses fesses en riant et tous les Némurions s'esclaffaient, crachaient dans notre direction et faisaient des gestes obscènes.

Une fois, comme l'un d'entre eux avait aperçu Prajna, il lui montra Min dans sa fureur, et debout dans la neige alors que ses compagnons l'encourageaient et s'esclaffaient il manipula le Dieu aveugle et en fit jaillir le lait, et cela devant les ermites et les hommes de Noreth sans vergogne aucune mais au contraire avec une sale gaieté, tout en proférant à l'adresse de Prajna toutes sortes de vilenies.

Le sage Mullah mit sa main sur mon épaule et il fit bien, car je faillis sortir vers ce Némurion et le massacrer, tant ses gloussements et ses frémissements me parurent ignobles, et moins insultants pour

Prajna qui se contenta de lui tourner le dos que pour l'Ourane, qui avait formé cet homme et lui avait donné la vie et voilà ce qu'il en faisait.

Comme nous avancions dans la plaine, la fille de Herm nous fit passer à un doul du grand Trophée érigé autrefois par le Jagonthide Septime le Grand après qu'il eut défait le Despote Euclide.

Ce Trophée était intact et l'on eût dit à le voir que rien n'était arrivé depuis le commencement des Siècles Heureux. Je fus étonné par sa majesté et j'allai voir avec Prajna parce que la plaine était vide et qu'il n'y avait point de Némurions dans les parages.

Mon Seigneur, mon divin Frère, ce monument est fait de quatre escaliers dont les marches vont se rétrécissant pour se joindre au sommet. Il est pareil à ces Grandes Pierres du Pays de Hag qui sont auprès du Dieu-Qui-Sait, mais ses dimensions sont moins considérables. Il est fait de blocs de granite et au sommet il y a une plate-forme sur laquelle se dresse une statue de l'Empereur Septime.

Quand je vis ce Trophée, je me souvins de ma patrie, parce que sa forme me rappelait celle des Grandes Pierres. J'invoquai l'Empereur Septime et le suppliai de donner une force divine à ton bras, parce que la majesté de Rûm renaissait grâce à toi et je le suppliai d'abattre le courage des Némurions. Prajna prit son luth et chanta devant le Trophée la chanson de la menace, elle menaça les ennemis de Rûm et elle exalta ta puissance et te glorifia.

Les Némurions n'avaient pas détruit ou profané ce monument, mais ils l'avaient laissé au milieu de la plaine, et il était comme neuf, sauf qu'une mousse s'était incrustée dans les joints des blocs de granite et que les arêtes des pierres s'étaient arrondies.

Il y avait une calotte de neige sur la tête de l'Empereur et de la neige aussi sur ses épaules et dans les plis de son vêtement. C'était une statue de bronze avec des yeux de verre très bien imités et les cheveux étaient de cuivre ainsi que le glaive que l'Empereur tenait à la main.

Quelques jours plus tard nous eûmes une nouvelle rencontre avec les Némurions et cette fois, je pense que s'ils nous eussent attaqués ils eussent anéanti notre troupe, car ils étaient plus de deux cents et lorsque je les vis avancer je crus que nous allions être broyés entre les mâchoires d'Ounêbo. Non seulement ils avaient un grand avantage par le nombre, mais à leur tête ils avaient un Prince, et il était évident que si un engagement se produisait, ce Prince ne nous permettrait pas de l'humilier et qu'ils n'abandonneraient point le combat avant de nous avoir vaincus et massacrés.

Je disposai les hommes de Noreth et commandai à Prajna de se réfugier dans notre charrette, mais elle refusa, disant : « Voici le grand péril, mon Seigneur, et je dois mourir à tes côtés. » Elle se plaça auprès de moi et je la laissai faire, parce que le désespoir était dans mon âme et voici qu'arrivait l'événement que j'avais prévu et redouté depuis le commencement de notre expédition et j'étais comme un homme dont la Chimère dévore les biens.

Toute cette cavalerie némurionne avançait en bon ordre, au petit trot. Elle était composée de lanciers et, ainsi que je l'ai dit, commandée par un Prince, qui était un homme dans la force de l'âge, avec une expression dominatrice et une sorte de nonchalante majesté dans l'allure.

Comme ce Prince approchait, le sage Nasroddîn me dit : « N'aie point de crainte, mon fils » et je fus presque indigné par la sérénité de son regard, parce qu'il considérait ces cavaliers qui s'en venaient comme s'il eût été au spectacle et l'on eût dit à le voir qu'il n'y avait point de péril.

Quand les Némurions furent à portée de voix, le sage Nasroddîn poussa son cheval, sortit de nos rangs, alla au-devant du Prince et le salua avec une extrême courtoisie. Il dit : « Mon Seigneur, ta vue me réjouit grandement, parce que je vois que tu es un Prince parmi les Némurions et que ton renom est grand dans tes peuples, et c'est un grand et un très grand honneur pour nous de te contempler. »

Le Prince dit : « Je suis Nargon, et le bruit de votre venue est parvenu à mes oreilles, auguste vieillard, et j'ai entendu conter beaucoup de fables à votre sujet. »

Les cavaliers étaient rangés en demi-cercle autour de lui et entre les oreilles et leurs chevaux il y avait un bouquet de plumes rouges, et ces cavaliers étaient tous tête nue. Ils avaient de longs cheveux épandus sur leurs épaules ou rassemblés et fixés sur le dos de la tête avec un anneau d'argent et ils retombaient sur leur dos comme une crinière et les cheveux du Prince étaient très abondants et brillants. Il avait un tortil sur le front, garni de sardoines, et il n'avait ni barbe ni moustache et ses lèvres étaient pleines et semblables à des lèvres de femme, mais ses dents étaient grosses et jaunes et pareilles à des dents de loup.

Le saint Mullah dit : « Je glorifie l'Ourane, parce que le nom de Nargon est connu de toute l'Illyrie, et ta famille est puissante et c'est une des nations glorieuses parmi les Némurions par la grandeur de ses exploits et l'on dit que le sang de l'Eracle coule dans tes veines. C'est un grand et un très grand honneur pour moi que de te contempler, car tu es le fils de l'Eracle et le favori de Mag Hagoth qui est le Dieu terrible que nous adorons sous le nom d'Iblis. » Et il ajouta : « Je te bénis au nom d'Iblis. »

Je vis que dans cet effroyable péril le saint Mullah

ne se retenait pas de mêler à ses paroles ce grain de sel dont il m'avait dit que l'Ourane le mêle à tout ce qu'il fait, parce que cette bénédiction-là, certes aucun Darvouch jamais ne l'avait prononcée avant lui.

Le Prince Nargon paraissait extrêmement flatté par le langage que lui tenait le saint Mullah. Il dit : « Auguste vieillard, je te remercie de ta bénédiction et je suis venu parce que j'ai entendu dire qu'il y a dans votre troupe un chevalier rûmien, et je ne vous veux point de mal, mais ce chevalier il est nécessaire que tu me le remettes parce que l'Empereur Hagamon a envahi nos contrées et que ce chevalier est l'un de nos ennemis. Je dois l'emmener avec moi et en faire un captif, car telles sont les lois de la guerre. »

Le Mullah dit : « Mon Seigneur, ce chevalier est un homme mystérieux qui nous a été envoyé par les Dieux afin de nous protéger contre les pillards et les brigands, et nous sommes âgés et ne pouvons point nous défendre contre des scélérats qui ne craignent point l'Ourane. Or ce chevalier est invincible, parce que la puissance des Dieux est en lui, et il nous protège. »

Le Prince tourna son regard de mon côté et dit : « Auguste vieillard, je ne vois là qu'un homme, et je ne crois point à ces fables. »

Il y eut alors un nouvel échange de compliments et le Mullah couvrit le Prince Nargon de paroles merveilleuses, et le Prince insista pour m'emmener. Ce dialogue réjouissait fort les Némurions, qui se penchaient en avant, appuyaient la main ou le coude sur la corne de leur selle et semblaient ravis de toute cette éloquence.

Enfin le Prince se tourna vers l'un de ses officiers et dit : « Pêtrû, tu es un homme vaillant et tu as souvent nourri le corbeau. Je ne pense pas que tu seras fâché de montrer à cet auguste vieillard que le chevalier rûmien est un homme comme les autres. »

Il éleva la voix et me dit : « Noble chevalier, si tu ne veux point venir avec nous et nous permettre de te désarmer voici ! Tu ne refuseras point de combattre et de nous montrer que tu es un homme magnanime. »

Je fis avancer mon cheval et l'officier que le Prince avait nommé Pêtrû fit avancer le sien. Il y avait des corbeaux au loin sur la plaine qui étaient sur la neige comme des feuilles noires soulevées par le vent. Mon Seigneur, mon divin Frère, il y eut entre le Prince Nargon et moi un échange de compliments très fleuris, je fus présenté au chevalier Pêtrû et sa généalogie me fut révélée. Le Prince Nargon jetait sur mon armure des regards étincelants de cupidité et il était mécontent parce que si le chevalier Pêtrû me tuait, c'était entre ses mains que tombaient tout cet or et toute cette pierrerie, et cette idée était insupportable au Prince Nargon, qui avait cru très exagérées les descriptions qu'on lui en avait faites et qui, voyant cette armure de près, se mordait la lèvre de convoitise et de fureur, car voici qu'il avait demandé au chevalier Pêtrû de me combattre et qu'il ne voyait plus le moyen de mettre la main sur mon armure.

Il me demanda, toujours dans une langue très fleurie, quelle était mon origine et quand il apprit que j'étais un patricien originaire et de plus un duc il prit une expression consternée et dit : « Noble chevalier, je ne me doutais pas que j'avais affaire à un homme de sang si glorieux et je te prie de me pardonner, parce que je ne puis te permettre de combattre avec un de mes officiers, mais la grandeur de ton nom m'oblige à te demander de bien vouloir te mesurer avec moi. »

Telles furent les paroles qu'inspira au Prince Nargon sa cupidité effrénée et je vais te dire maintenant une chose à la fois monstrueuse et ridicule, parce que ce Prince, durant le combat, craignit d'endommager mon armure, et comme il s'en voyait dans son imagination déjà revêtu et la considérait comme sa possession, cela mit de la mollesse dans ses coups et de l'incertitude dans son attaque, de sorte que, lorsque finalement, après beaucoup de compliments et de discours, nous en vînmes aux mains, l'avarice absurde de ce Prince fut l'une des causes de sa prompte défaite.

J'avais observé en outre, pendant que le Mullah Nasroddîn échangeait des compliments avec le Prince, que celui-ci montait ce que nous appelons dans le Pays de Hag une bête trop fraîche, c'est-à-dire une bête qui connaît mal son cavalier et ne fait point corps avec lui, et qui par conséquent ne répond pas au genou et au talon avec toute la promptitude indispensable dans un combat.

Cela fut une autre cause de ma victoire, car la fraîcheur de sa monture introduisit dans les mouvements du Prince une légère vacillation que j'augmentai au moment de notre première passade en heurtant l'oreille de son cheval avec mon bouclier. Aussi, lorsque le Prince retourna sa monture et me chargea, au lieu de galoper à sa rencontre, je ne fis qu'avancer doucement, guettant une ouverture et, comme le cheval du Prince était étourdi par le coup que je lui avais porté, je pus glisser le glaive de l'Abbé de Jautaham entre le bouclier et la selle et l'enfoncer dans le Prince jusqu'à la garde.

Mon Seigneur, mon divin Frère, plusieurs rencontres semblables eurent lieu durant ce voyage et, comme ces souvenirs sont pénibles, je ne les conterai point. Il suffit que tu saches que je dus un certain nombre de fois affronter des Princes et des Seigneurs némurions poussés soit par la cupidité, soit par un amour imbécile de la gloire, et que ces combats me plongèrent dans le dégoût.

Pourtant, ils eurent des suites heureuses, car les Némurions qui y assistaient ne pouvaient croire que leurs Princes et leurs Seigneurs eussent été vaincus par des raisons explicables, de sorte que dans leurs discours ils ajoutaient des détails merveilleux et que tous ces discours et récits augmentèrent la rumeur qui nous entourait.

Pour revenir à ce premier combat, lorsque je vis le Prince Nargon renversé dans la neige avec le sang qui ruisselait de son ventre ouvert comme une source et sa belle chevelure répandue autour de sa tête, je fus pris de vertige, parce que je pensai que les Némurions allaient tous nous massacrer pour venger leur chef.

Mais le saint Mullah qui les connaissait mieux que moi éleva la voix et leur ordonna d'une voix tonnante de se ranger devant lui et il leur parla comme s'il eût été un Ancien parmi les Némurions et un Seigneur possédant une autorité incontestée. Il leur fit un discours violent, et accusa le Prince Nargon d'avoir voulu sa propre mort : « Car, dit-il, je l'ai averti, et vous m'avez tous entendu, et je lui ai dit que le Chevalier d'Or est investi de la force des Dieux, et voici le Prince Nargon étendu dans ses viscères pour ne m'avoir point écouté. Ce Prince s'est élevé contre les Dieux, et il a déshonoré son père, et je crains grandement que les Dieux ne se vengent sur ses fils et s'il y a parmi vous des parents de ce Prince, craignez grandement pour vous et les vôtres, parce que le Prince Nargon s'est élevé contre les Dieux. »

Ce discours frappa les Némurions, et le saint Mullah y ajouta toutes sortes de menaces et d'imprécations en roulant des yeux terribles. Il effraya les Némurions à tel point qu'il dut les rappeler et les obliger à emporter le cadavre du Prince avec eux, car ils étaient prêts dans leur confusion à l'abandonner sur la plaine et à le laisser aux corbeaux.

Finalement nous entrâmes dans les grandes forêts qui recouvrent les parties les plus fertiles de cette Province depuis que les Némurions y sont installés et je vis ces villes reprises par la végétation dont on m'avait parlé et ces villes étaient dans un état semblable à celui dans lequel j'avais trouvé Luctudonum sauf qu'elles étaient désertes.

Comme cette terre était très riche, les forêts étaient énormes. Je n'ai point vu ailleurs des arbres pareils, dont certains étaient vieux de cinq cents ans et dont les plus jeunes avaient une largeur et une puissance divines. On avait moins le sentiment de traverser des forêts que de marcher dans un Temple qui n'avait point de commencement ni de fin, parce que ces arbres étaient les uns comme les murs et les autres comme des piliers, leurs branches formaient comme des voûtes par leur enchevêtrement, et l'espace qui séparait deux arbres l'un de l'autre était un portique. Le regard était tantôt arrêté par un faisceau de troncs soudés ensemble et tantôt conduit vers des profondeurs qui étaient semblables à des grottes, on passait entre deux murailles pleines de crevasses et de saillies, les crevasses étaient tapissées de broussailles et les saillies avançaient comme des seins et elles étaient couvertes de grosses veines argentées, et les racines de ces arbres avaient des recourbements féroces.

C'était comme si l'on eût traversé un Temple, et quand on arrivait au bout, on entrait dans un autre Temple, et ensuite dans un autre. Quand on levait la tête on distinguait des branches qui se croisaient, des coupoles moussues et des enfoncements. Plus haut il y avait d'autres branches et plus haut il y en avait d'autres et plus haut il y avait des ouvertures qui étaient parfois comme des fenêtres allongées et parfois comme des soupiraux ou des lucarnes.

Ces forêts semblaient n'avoir pas de fin et l'on eût dit que leurs racines communiquaient avec ces Enfers où combattent éternellement les Titans et que leurs frondaisons s'élevaient jusqu'au trône de Jupiter.

Parfois il fallait franchir un torrent, et ce torrent était rencogné entre des roches, c'était une sorte de couloir tortueux creusé dans la pierre et du fond de ce couloir montait un mugissement, comme si un troupeau de buffles eût été parqué dans ces ténèbres, il y avait des racines pareilles à des Hydres qui s'y enfonçaient, et quand on arrivait au bord du torrent on distinguait un glissement noir et terrible, des écumes pareilles à des scies qui vibraient et miaulaient et d'autres qui étaient pareilles à la salive de la Folie.

De l'autre côté du torrent, il y avait de nouveau des piliers bossus, des galeries ombreuses, des murailles aux parois chargées de veines et de lierres, des corridors qui s'en allaient dans l'obscurité, des montées, des descentes, des roches semblables au poing d'un géant.

Sur les troncs des arbres toutes sortes de plantes s'étaient incrustées et il y avait parfois de petits arbres qui avaient pris racine dans les fentes des grands et il y avait des arbres écroulés qui avaient été frappés par la foudre, fendus, brûlés et renversés, qui montraient des carcasses noircies.

On arrivait à une espèce de petit champ où croissaient des fougères et tout autour de ce champ il y avait des plissements ligneux et des avancées de branchages et le silence avait quelque chose de formidable. Puis un souffle passait et c'était comme si des chevaux célestes eussent galopé au-dessus de nos têtes ou bien comme si des Dieux captifs eussent gémi dans les profondeurs.

Et voici qu'on traversait des ruines et d'abord on ne reconnaissait pas la main de l'homme, mais on ne distinguait que des pierres amoncelées et partout une herbe vorace et des ronces. Soudain on reconnaissait la main de l'homme et c'était une maison éventrée qui était comme une paire de mâchoires garnies de leurs dents et de ces mâchoires s'élançaient des arbres, et partout il y avait des lierres et des broussailles et puis il y avait une colonnade intacte avec ses corniches et ses cannelures, plus loin une statue informe, des maisons dont les fenêtres étaient pleines de feuilles, et il y avait des rampements de racines qui recouvraient le toit et des branches qui passaient à travers les tuiles.

Nos blessés furent guéris par la puissance qui était dans ces arbres, parce que les ermites savaient employer cette puissance, et surtout celle des chênes. Ils étendaient les blessés parmi les racines ou sur le tronc, concentraient leur pensée, et voici ! une force entrait dans les blessés qui, jointe à la vertu des plantes que les saints ermites appliquaient aux blessures, fermait les plaies et chassait la fièvre.

Le Mullah Nasroddîn cueillit des baies et des feuillages de différentes plantes et les mit à cuire dans de l'eau et fabriqua une potion qui multipliait l'énergie. Quand on avait bu de cette potion l'esprit devenait aigu et limpide et la fatigue s'envolait.

Il n'y eut plus de neige parce que nous descendions vers le Sud et vers cette région de la Nouvelle-Illyrie à travers laquelle passe l'Ornière du Char de Habolaune.

Dans ces forêts, il y avait aussi des villes némuriones et ces villes n'étaient plus que des clairières vastes et dont le sol était noirci et recouvert de cendres avec ici et là quelques piquets qui n'avaient pas brûlé.

Mais, bien que les villes némurionnes eussent été détruites et que les anciennes villes illyriennes eussent été reprises par la végétation, et bien que les Némurions fussent partis, il y avait encore des gens dans la forêt. Il nous arrivait de voir des scènes atroces et lugubres, et une fois nous arrivâmes dans une clairière au milieu de laquelle il y avait les restes d'un bûcher et sur ce bûcher les squelettes d'une centaine de personnes qui avaient été liées vives à des poteaux et brûlées.

Il y avait là, au milieu de la clairière, un gros entassement noir de branches calcinées d'où émergeaient des poteaux et aux poteaux il y avait comme des pantins tout noirs et recroquevillés et desséchés dans des attitudes grotesques. Ils semblaient de petits singes et l'on voyait à travers leurs côtes et ce qui restait de peau sur les visages leur donnait l'aspect de masques plissés et grimaçants.

Plus loin il y eut un spectacle plus abominable encore. Dans cette clairière il y avait des croix et sur ces croix pendaient des cadavres qui y avaient été liés avec des cordes et il y avait aussi des pals et des corps enfoncés dessus. Les Némurions avaient coupé les mains et les pieds, ils avaient émasculé les hommes et mis leurs testicules dans la bouche, ils avaient ouvert les ventres de sorte que les viscères pendaient comme des grappes livides avec des renflements empourprés. Au milieu de ce charnier il y avait une femme dont on n'avait point mutilé le corps et l'on voyait qu'elle était jeune et belle et on lui avait coupé la tête et placé cette tête entre ses cuisses.

Sur tout ce charnier s'étaient abattus des corbeaux et d'abord je crus qu'il y avait des vivants dans ce charnier à cause des tressaillements que les corbeaux imprimaient aux corps et il y avait des corps entièrement recouverts de corbeaux et l'on eût dit qu'ils portaient une sorte d'armure frémissante et hideuse.

Les cadavres étaient encore frais, de sorte que nous fûmes grandement effrayés parce que notre troupe était trop grande pour que nous pussions nous déplacer dans un silence parfait à moins d'abandonner les chevaux et je fus sur le point de les abandonner, car ils ne servaient pas à grand-chose dans ces forêts à cause des broussailles et du resserrement des arbres.

Il y avait parmi les hommes de Noreth une vingtaine que j'envoyais continuellement dans toutes les directions pour inspecter le terrain, non seulement devant nous, mais sur nos flancs et nos arrières.

Ces hommes ne revenaient pas toujours seuls, mais ils ramenaient des fugitifs qu'ils trouvaient errants dans les forêts, de sorte que nous devenions toujours plus nombreux et que notre marche devenait toujours plus difficile. Parmi ces fugitifs il en était peu qui fussent capables de nous aider, mais la plupart étaient en grand besoin d'être secourus et ils étaient affamés et presque fous de terreur.

Il y avait en effet dans ces forêts des populations bâtardes, à demi némurionnes et à demi illyriennes, qui vivaient sur des lopins de terre qu'ils cultivaient et parmi ces populations il y avait aussi les descendants des esclaves que les Némurions avaient amenés avec eux et tout cela formait comme une espèce de race nouvelle composée d'un amalgame de races diverses, et ces gens étaient les serfs des Némurions. L'Ourane seul sait comment ils avaient fait pour subsister durant ces siècles d'oppression.

A notre troupe se joignaient tantôt des familles et tantôt des gens isolés, des femmes avec leurs enfants, et les hommes parmi eux n'avaient de leur vie touché une arme et ils étaient comme des lièvres. Quant aux femmes elles étaient tout appesanties par leurs enfants, elles avaient souvent un enfant à chaque sein et depuis longtemps leur lait était tari.

Je trouvai cependant parmi les garçons un certain nombre dont il était possible de faire quelque chose. J'en fis des éclaireurs et ils couraient sans cesse partout, nous rapportant des nouvelles, de sorte que sur ce point-là du moins je fus pacifié, parce que nous ne pouvions plus être surpris.

De temps en temps un homme hardi se présentait, et c'était un brigand, mais tout brigand qu'il fût je l'enrôlais dans ma troupe, parce qu'au cours des combats dans la plaine j'avais perdu huit hommes.

Lorsque nous campions, je demeurais toujours caché avec vingt hommes à l'extérieur, afin si nous étions attaqués de tomber sur les arrières des Némurions et je chargeais le sage Nasroddîn de commander à l'intérieur. Moi et mes hommes nous nous établissions dans les arbres tout autour avec des échelles de corde et faisions ainsi le guet.

Nous avions en traversant certains villages découvert des charrettes intactes et, durant la marche, nous y mettions les malades et les blessés et durant les haltes ces charrettes servaient d'abris et de remparts. La terreur était sur tous ces gens et même les hommes de Noreth étaient tremblants et sur le qui-vive, et seuls les ermites étaient sereins.

Au bout de quelque temps, nous vîmes les habitants du pays venir au-devant de nous, car la nouvelle de notre approche s'était propagée. Ces malheureux venaient nous offrir le peu qu'ils possédaient, car ils avaient entendu dire que des saints traversaient le pays et qu'un Ange de Laha marchait devant eux dans une flamme. Tout autour de nous cette rumeur se propageait, et ces malheureux voyaient en nous des sauveurs et comme les annonciateurs d'un âge nouveau. Ils nous bénissaient au nom de Laha, d'Is et de Ma'ahmûd.

Nous avions quitté Noreth aux calendes de Charlemagne. Ce fut au milieu des Nestoriennes que nous atteignîmes les Routes Royales et ces parties du pays sur lesquelles le Roi des Némurions exerçait directement l'autorité.

Or les divers Souverains qui s'étaient succédé sur le trône depuis l'invasion avaient construit des châteaux le long de ces Routes. Ils avaient établi dans ces châteaux des Gouverneurs militaires avec des troupes et dans ces régions il y avait un semblant de paix et de prospérité, parce que ces divers Rois némurions, s'ils n'étaient pas assez puissants pour étendre leur domination sur les grands fiefs, l'étaient cependant assez pour empêcher les Princes némurions d'empiéter sur les terres royales et les apanages, et ils étaient parvenus à forcer ceux des Némurions qui vivaient sur ces terres à vivre plus ou moins en paix avec les Illyriens. Beaucoup de Némurions parmi eux s'étaient mis à l''agriculture et au commerce de sorte que ces diocèses avaient un aspect plus humain et plus habitable que les autres.

Sous la protection et à l'ombre des châteaux il y avait des bourgades fortifiées et tout autour le sol était cultivé et même plus loin il y avait de petites villes et des fermes. On sentait moins l'aile de l'épouvante, bien que les habitants fussent encore enfoncés dans la sauvagerie, frustes et pauvres, mais par comparaison à celles que nous venions de traver ser nous étions dans des régions d'abondance.

Lorsque nous nous approchâmes de ces régions, j'emmenai avec moi Prajna, le sage Nasroddîn et cinq hommes de Noreth et nous gagnâmes l'orée de la forêt, laissant notre troupe au campement. Nous arrivâmes sur une éminence parmi les arbres et là nous attendait une grande et une très grande surprise.

C'était l'aube, et de cette éminence dont je viens de parler on découvrait une plaine assez large au milieu de laquelle serpentait une rivière, et la Route Royale suivait cette rivière.

Au milieu de la plaine s'élevait un escarpement sur lequel était construit un château qui était tout semblable à ceux qu'on voit dans le Grand Domaine d'Occident. Au pied de cet escarpement il y avait une puissante enceinte de pierre, crénelée et garnie de tours, qui protégeait la bourgade, et il y avait deux ponts fortifiés qui enjambaient la rivière. Au-delà s'élevait un second château, plus petit, et au-delà il y avait des champs et des collines et sur ces collines des villages entourés de murs crénelés.

C'était juste avant le lever de Râ et la citadelle se détachait contre le ciel, et la rivière brillait comme une ceinture de soie, mais la plaine elle-même était encore dans l'obscurité.

Ce qui me frappa d'abord ce fut une odeur, qui était comme l'odeur d'une étable chaude et âcre, et c'était une odeur de foin pourrissant, d'urine et de transpiration, et elle montait de l'obscurité malgré la fraîcheur matineuse et la brise qui la coupait et la traversait et la rabattait de-ci de-là comme une main.

L'obscurité était pleine de petits points rouges et comme elle se dissipait, on distinguait un remuement, et il y avait des bruits de toutes sortes qui montaient, et c'était un bruit d'homme compliqué d'un bruit de bête. Mon Seigneur, mon divin Frère, la Roue de Habolaune parut, et toute la plaine était couverte de piétinements, de hennissements, de disputes, de discussions, de rires et de lamentations, et une foule énorme et monstrueuse était là.

Dans la nuit finissante, on distinguait des milliers de feux, des tentes de cuir, des hommes, des chevaux, du bétail, et sur la route il y avait un mouvement très lent, et l'on voyait des troupes de cavaliers qui trottaient le long de la rivière, des barques qui la traversaient, et il y avait là une multitude d'hommes et je n'avais jamais rien vu de semblable ni de comparable.

Il y avait là je ne sais combien de tribus et chacune s'était établie dans une partie de la plaine autour de son étendard, et toute la plaine était emplie d'un bruissement et d'un murmure, et au milieu de tout cela il y avait la route encombrée et engorgée de gens qui avançaient, et des deux côtés d'autres qui étaient assemblés autour de leurs chaudrons, il y avait des enclos pleins de bœufs et de moutons, des chevaux qui paissaient et beaucoup de confusion.

Devant ce spectacle je fus consterné, parce que je ne voyais nullement comment nous pouvions traverser ce vaste encombrement et cette masse d'hommes qui était comme une mer et s'agitait sur place. Le sage Nasroddîn ne parut pas moins consterné que moi et il nous sembla à tous deux que nous étions condamnés à demeurer dans la forêt et à attendre et qu'il n'y avait aucune espèce de possibilité d'aller de l'avant.

Cette situation était très mauvaise parce que nous étions plus de deux cents et que les vivres commençaient à manquer. Les malheureux qui habitaient les forêts en étaient déjà venus à manger les chiens et les corbeaux et la disette s'installait.

Mon Seigneur, mon divin Frère, j'établis le campement, le fortifiai et durant plusieurs jours je demeurai dans l'hésitation.

Dans la plaine, comme il s'agissait de Némurions, il y avait naturellement toutes sortes de querelles et de combats entre les tribus qui tenaient en quelque sorte le Gouverneur assiégé et se prenaient querelle entre elles et se battaient, et les autres s'enivraient et festoyaient et se livraient à divers jeux qui leur étaient propres, et c'étaient surtout des combats singuliers et l'on voyait des gens se rassembler, des hommes se battre, et l'on entendait des applaudissements et des rires.

Parmi les gens qui s'étaient joints à notre troupe plusieurs allèrent aux nouvelles et ce fut ainsi que nous apprîmes que tu avais enfin atteint le centre du pays avec tes armées et que tu assiégeais le Roi des Némurions dans sa ville. Parmi les Némurions qui emplissaient la plaine beaucoup fuyaient les armées rûmiennes et, après avoir été jusqu'à Varm, refluaient. Ceci était l'une des causes principales de cet engorgement de population, car une partie des Némurions se dirigeait vers la ville du Roi et une autre partie en revenait, parce que tes armées barraient le chemin. Il y avait eu de grandes batailles et les Rûmiens avaient presque partout eu l'avantage et ils avaient refoulé les Némurions.

Si nous n'eussions pas été préoccupés par la question des vivres, je pense que nous eussions séjourné où nous étions et que nous eussions attendu, parce que ceux des Némurions qui avaient autrefois habité la forêt étaient maintenant installés dans les domaines royaux et les Gouverneurs des châteaux n'avaient pas les troupes qui eussent été nécessaires pour les en déloger, mais ils en avaient envoyé une grande partie à Varm.

Finalement nous décidâmes de descendre vers le Sud, et ce fut pour moi un grand crève-cœur, car si nous eussions été libres de nos mouvements nous eussions pu rejoindre les armées rûmiennes en deux jours et voici que de nouveau je me trouvais en train de leur tourner le dos.

Avant de prendre cette décision j'allai dans la forêt pour réfléchir. La clarté des deux Lunes descendait et faisait des espaces lumineux, il n'y avait pas de brise et sitôt que je me fus éloigné du camp je fus charmé par le silence et cette espèce d'irritation qui me travaillait tomba.

Je me dis : « Je regrette maintenant de n'avoir pas attendu à Thûg-Norqâa la décrue du Deubh'n, car je serais arrivé auprès de l'Empereur depuis longtemps à l'heure qu'il est, et nous voici à la fin de l'hiver et quand l'hiver sera terminé il y aura une année entière qui se sera écoulée depuis que j'ai quitté Thûg-Norqâa. Mais le Dioclétide Amon est auprès de l'Empereur et il lui a dit tout ce que moi j'ai à lui dire, de sorte que mon voyage n'a plus d'objet. Or j'ai passé des mois heureux dans la sainte vallée et j'ai rencontré le sage Nasroddîn qui est mon père et les saints ermites qui sont ma famille. Et voici que cette impatience et cette irritation qui me dévorent n'ont point de sens, parce qu'il est évident que le dessein de l'Ourane n'était nullement que j'allasse vers l'Empereur, mais que je connusse ces saints ermites et que je les escortasse. Et le Dioclétide Amon a eu raison quand il s'est querellé avec moi. Je ne suis pas un homme de guerre, mais je suis un serviteur de l'Ourane. »

Prajna m'avait suivi à mon insu et elle m'appela doucement. Je me retournai et je la vis qui se tenait adossée à un chêne et ses mains étaient appliquées sur l'écorce et la puissance du chêne la pénétrait.

Il y avait longtemps que je n'avais pas échangé avec elle le lys et la rose, parce que l'horreur avait chassé l'amour de ma pensée et toutes ces choses monstrueuses que nous avions vues et le danger continuel. Prajna avait changé, car depuis des semaines elle ne voyait que des mourants, des morts, des charniers, et même des enfants suppliciés, et toutes ces choses horribles étaient comme restées dans ses yeux, qui étaient devenus graves et tristes.

J'allai vers elle, et elle plaça ses mains sur ma poitrine et me dit : « Mon Seigneur, j'ai à te parler. » Elle baissa le front, et ses cheveux tombèrent sur son visage. Elle demeura un moment ainsi et quand elle leva le front ses joues étaient toutes blanches et ses lèvres étaient pâles. Elle me dit : « Veux-tu de moi ? » Je lui répondis que je voulais d'elle et je la serrai dans mes bras, mais elle me repoussa et dit : « Je suis une esclave et j'ai été vendue et achetée et je ne suis point venue vierge entre tes bras, mais j'ai été livrée à des hommes cruels qui en ont usé avec moi comme avec une prostituée. »

En moi-même je m'étonnai de nouveau comme je l'avais déjà fait à Luctudonum parce que toutes les femmes que j'avais aimées avaient ce sort singulier et que toutes avaient été offensées et meurtries.

Je lui dis : « Prajna, tu es mon amour, et je ne pense pas à ces choses. » Alors je lus dans sa pensée et je lui dis : « Prajna, je t'ai épousée devant l'Ourane et tu es ma femme. Et voici ! Je t'épouserai devant les hommes, et tu m'enfanteras des fils et des filles, et ce sera bon à mes yeux, si cela est bon aux tiens. » Elle rit à travers ses larmes, disant : « Mon Seigneur, je suis laide de visage. » Je la pris dans mes bras, et elle était grande et pesante, mais je la portai dans un renfoncement parmi les racines où il y avait du sable sec et nous honorâmes et glorifiâmes la Phrodite.

Mon Seigneur, mon divin Frère, le lendemain le sage Nasroddîn nous maria, et il y eut dans notre campement une fête, et les habitants des forêts, quand ils apprirent la chose, vinrent très nombreux.

L'une des charrettes fut renversée pour faire une espèce de trône et Prajna mit sa robe verte. L'on nous couronna l'un et l'autre avec des feuilles entortillées. Les habitants des forêts avaient en guise d'instruments de musique des tambours, des flûtes et des cornemuses. Ils apportèrent aussi une sorte de liqueur qu'ils fabriquent avec des baies qui croissent dans les taillis et qui a une saveur âpre et parfumée, mais elle brûle la gorge et enivre vite.

Nous dansâmes, Prajna et moi, devant ce peuple, et nous dansâmes la danse des noces. Tous nous applaudirent et nous bénirent. Tous ces gens avaient des visages émaciés et les malades et les mourants étaient là autour de nous qui riaient faiblement et les plus forts d'entre eux se hissaient sur le coude pour nous observer.

Ensuite les hommes de Noreth dansèrent la danse des frères au son de la cornemuse. Il y avait parmi ces gens des forêts un homme qui connaissait l'art du tambour et qui avait été instruit dans la musique par le Dieu de Grâce. Il disposa deux tambours devant lui et l'un de ses compagnons joua d'un troisième. Sous ses doigts les tambours s'animèrent et l'on eût dit qu'il y avait en eux une force divine et quand il jouait on croyait entendre battre le cœur des Anges.

Et quand la fête fut terminée, j'annonçai que nous partions vers le Sud.

Il ne me paraît pas nécessaire de conter cette partie de notre voyage, parce qu'il ne se produisit rien que je ne t'aie déjà conté.

Nous demeurâmes dans les forêts et nous vîmes de nouveau des charniers et des horreurs. Les ermites continuaient à soigner et souvent à guérir les infortunés, et tout ce qui restait de vivant dans les forêts venait à notre rencontre parce que le bruit de notre venue s'était répandu à travers tout le diocèse.

Enfin nous traversâmes la Route Royale et la rivière qu'elle longeait. Dès lors nous nous trouvâmes dans un pays moins désolé et nous commençâmes à nous diriger vers Athènes sans essayer de remonter vers les armées rûmiennes dans le Nord.

Dans cette région il y avait partout des bourgades fortifiées et des champs. Il y avait aussi des lacs et des bois où il y avait du gibier. Les Princes némurions étaient dans le Nord avec leurs armées et c'étaient des Princes apparentés au Roi des Némurions. Ils habitaient des châteaux qui étaient chacun la tête du fief et par comparaison aux autres c'étaient des gens civilisés.

Mais souvent on voyait des gibets, et parfois on passait devant un champ entier couvert de gibets, ou bien il fallait marcher entre deux rangées de pals qui garnissaient les côtés du chemin ou encore des rangées de croix, auxquelles étaient accrochés non seulement des cadavres humains, mais aussi des carcasses d'ours et de sangliers. La plupart de ces cadavres avaient perdu leur chair et n'étaient plus que des squelettes, ce qui prouvait au moins qu'un certain temps s'était passé depuis le dernier supplice.

Dans ce pays nous rencontrâmes beaucoup de réfugiés, car toutes sortes de gens avaient reflué du Nord. Il n'était bruit que des grandes batailles qui se livraient là et ce fut alors que nous apprîmes la bataille de Hourgâa dans laquelle quatre légions rûmiennes avaient été taillées en pièces, et nous craignîmes que la fortune des armes n'eût changé

Un jour, l'un de mes éclaireurs vint m'avertir que devant nous, à un doul environ, des hommes armés avançaient sur la route dans notre direction et qu'ils étaient une cinquantaine. La route suivait le fond d'une vallée peu profonde et nous avions une petite rivière sur notre gauche. Il y avait là des prairies et un bosquet et ce fut parmi ces arbres que je donnai l'ordre d'établir notre défense, car ainsi la rivière nous fournissait un appui naturel.

Nous étions environ deux cents, sans compter les

enfants en bas âge et j'avais sous la main, outre les hommes de Noreth, trente hommes valides à qui j'enseignais journellement le maniement des armes.

Je plaçai nos charrettes aux endroits convenables et installai les archers. Nous avions l'avantage du nombre, une position solide et il était improbable que les Némurions nous attaquassent, mais bien qu'avec le temps j'eusse acquis une certaine confiance, je ne me sentais disposé à prendre aucun risque.

Or parmi ces hommes armés, deux seulement étaient à cheval et quand ils nous virent ils vinrent à nous à travers l'herbe, laissant les hommes de pied sur la route.

L'un des cavaliers était un Némurion, mais l'autre portait un turban noir et c'était un Illyrien. Je poussai mon cheval et allai au-devant de ces deux hommes qui, voyant mon casque et ma cuirasse, me saluèrent avec beaucoup de respect. Ce fut le Némurion qui prit la parole et il dit : « Je suis le Gouverneur de Dorgba-Datên qui est la ville à laquelle aboutit cette route, et je suis venu avec l'Imam dans des intentions pacifiques. Il nous a été rapporté que toi et ta troupe, vous venez d'Erembûrz-Datên, et que vous êtes des ermites qui traversez le pays pour vous joindre à la confrérie d'Athènes. Il nous a été rapporté en outre, mon Seigneur, que tu es un Prince des Rûmiens et que tu as sous ta main des hommes vaillants. »

Je répondis au Gouverneur que ces informations étaient exactes, que j'étais heureux de savoir que ses intentions étaient pacifiques, parce que nous étions des hommes de paix et que j'avais été chargé par Laha d'escorter les saints vieillards vers Athènes.

Le Gouverneur dit : « Mon Seigneur, au-delà de Dorgba-Datên tout le pays est en émoi, parce que l'Empereur a remporté une grande et une très grande victoire devant Jataume, il a vaincu et défait les armées némurionnes et ces armées sont en déroute et redescendent du Nord dans un grand désordre, et il y a toute une troupe qui redescend de ce côté, où la paix n'a pas été troublée. J'ai sous la main cinq mille hommes et je fais lever des milices pour défendre ce diocèse contre le pillage et le brigandage et voici ! Je te demande de te joindre à nous avec tes hommes, parce que le danger est grand. »

Je lui répondis : « Mon Seigneur, je suis un Prince rûmien, et voici que tu me demandes, toi dont le Suzerain est le Roi des Némurions, de te venir en aide. Mais ce n'est point cela qui m'arrête, car je vois que ce pays est beau et que les gens y sont pacifiques. Mais nous, nous ne voulons point nous mêler de la guerre et nous désirons poursuivre notre chemin sans molester personne et sans être molestés. »

Alors l'Imam dit : « Mon fils, au-delà de Dorgba, il y a partout pillage et brigandage et tu ne peux t'y hasarder. Et nous, nous craignons grandement pour nos biens et nos vies et nous avons besoin de toute l'aide que tu peux nous apporter. »

Le Gouverneur dit : « Mon Seigneur, ici nous vivons en paix avec les Illyriens et nous ne connaissons rien des grandes affaires du Royaume. Si l'Empereur ton Suzerain l'emporte, comme il semble, je n'aurai point de honte quant à moi à lui remettre mon gant. »

Ce fut alors que j'eus cette inspiration qui eut tant de conséquences imprévues et heureuses et qui, en ce qui nous concerne, toi et moi, mon Seigneur, mon divin Frère, fut si importante, puisque ce fut grâce à cette inspiration que mon nom parvint à tes oreilles et que le désir te vint de me voir et de me connaître.

Je dois te dire que je fus quelques moments avant de me décider parce que ni le Gouverneur ni l'Imam ne me faisaient bonne impression et que mon esprit était presque entièrement occupé par le souci de mettre les ermites en sûreté ainsi que les malheureux qui nous accompagnaient.

L'Imam était un de ces hommes qui passent leur existence dans la médiocrité, courbant toujours l'échine devant les puissants, et préférant toujours la voie rampante et sinueuse à la voie droite et élevée.

Et voici que sur ses épaules étaient tombées une charge pesante et une obligation lourde, parce qu'il était devenu à cause des circonstances une des principales autorités du pays. Il tremblait sous le poids de cette charge. Après des années de louvoiements et de courbettes il voyait tout à coup sa faiblesse et sa petitesse et il avait honte, car ce n'était pas un mauvais homme, mais il n'était pas capable de se redresser et il voyait tous les visages qui se tournaient vers lui et toutes les bouches qui l'imploraient et cette situation l'affolait.

Quant au Gouverneur, il avait des paupières bouffies et des lèvres bouffies. Son teint était terreux et son nez qui était rouge et brillant saillait hors de son visage, et ses joues étaient toutes piquées. Ses cheveux étaient ternes, parfois il portait la main dans sa poitrine et souriait bizarrement, et son souffle était court comme celui d'un vieillard.

D'abord sa physionomie éveilla ma méfiance, parce qu'il me parut sournois et travaillé de pensées mauvaises, mais je me souvins de mon père tel qu'il était quand le poison le rongeait et compris que le Gouverneur avait un mal mortel et souffrait. Il essayait de l'ignorer, mais sans cesse il se tâtait et surveillait le progrès de son mal et tout son esprit était occupé et absorbé par le Démon qui le consumait. Il faisait un effort continuel et harassé pour revenir aux choses du monde, cherchant en elles la saveur qu'elles avaient perdue, parce que l'haleine d'Ounêbo était sur ses vertèbres et que l'odeur de cette haleine lui donnait le vertige.

Je dis au Gouverneur : « Mon Seigneur, tu sais que la victoire de l'Empereur est certaine et que ce n'est plus qu'une question de temps avant que le Fils visible de l'Ourane rétablisse l'autorité de Rûm sur cette Province. Et voici que cette région est plantureuse et paisible, et si tu veux la sauver de la destruction, il n'y a qu'un moyen et c'est de reconnaître la suzeraineté de Rûm, et que ce n'est point là seulement l'intérêt de cette région, mais aussi le tien propre, car si tu fais ta reddition, l'Empereur te sera reconnaissant et te conservera ton poste. Or moi je suis un patricien originaire et un Prince de Rûm et je suis un Duc dans mon pays. Je suis donc habilité à recevoir ton gant et ta parole et si tu fais cela, j'enverrai vers l'Empereur des messagers et je lui ferai connaître la situation, et voici ! Dans la Nouvelle-Illyrie il saura que le diocèse de Dorgba se déclare pour Rûm et qu'il y a un Prince de Rûm qui a reçu le gant et la parole du Gouverneur en son nom, et il saura que des bandes de pillards et d'assassins menacent Dorgba et il enverra les légions. C'est ainsi que tu peux sauver Dorgba et Dorgba-Datên et que tu peux te sauver aussi et tous les habitants du pays parce que moi, je te garantis que je peux envoyer des messagers vers l'Empereur. En attendant que ses légions se mettent en branle, je te donnerai mon appui, et ces pillards et ces assassins sauront qu'ils ont l'Empereur dans leur dos et un Prince de Rûm devant leur face, cela les refroidira et les épouvantera et changera la situation. Et toi, on te saura gré d'avoir agi de la sorte, et l'on se souviendra de toi. »

Le Gouverneur fut effrayé par ce discours, mais je vis que l'Imam était tout réjoui et éclairé. Je dis au Gouverneur : « Une si grave décision, tu ne peux la prendre ainsi, dans le moment où la proposition est faite. Va donc, maintenant, consulte tes conseillers et ensuite reviens vers moi. Tu me remettras ton gant et tu me donneras ta parole, et alors j'enverrai des messagers, et j'irai avec ma troupe à Dorgba et nous soutiendrons avec toi et les hommes que tu as sous la main la défense du pays. Il y aura sûrement combat, peine et grand effort, mais nous demeurerons fermes, en attendant les légions. »

Ainsi que tu le sais, mon Seigneur, mon divin Frère, la proposition fut acceptée, mais il y eut auparavant deux jours de négociations, durant lesquels je reçus la visite des notables de Dorgba, et il y eut entre le bourg et notre campement de nombreuses allées et venues.

Nous pénétrâmes dans l'enceinte de Dorgba aux Nones des Illides, entre le lever de Thana et le lever de l'Athénade.

L'étendard écarlate fut hissé au sommet de la citadelle et je fus intronisé en tant que Proconsul de Rûm aux côtés du Gouverneur.

Mon Seigneur, mon divin Frère, lorsque l'étendard fut hissé, j'eus comme un vertige. Il me sembla que le sein de la Terre s'ouvrait et qu'il en jaillissait un souffle qui me soulevait et m'arrachait à ma selle et m'emportait dans les airs. J'eus beaucoup de peine à garder la mine solennelle qui convient à un représentant de Ta Splendeur, car j'avais envie de bondir et de cabrioler et de pousser des cris.

Aux portes de la ville, je fus accueilli par le Gouverneur, et voici ! Comme je te l'ai dit, c'était au lever de Thana et je vis devant le disque qui resplendissait sur l'horizon passer deux aigles. Je me souvins du présage tout semblable que j'avais vu au moment de quitter le Pays de Hag et de laisser Sorcade pour monter sur le vaisseau du Vénérable Zihara-Daq Hini.

Le Gouverneur m'aborda, suivi de l'Imam et des notables et de tout le peuple de Dorgba. Il éleva la voix et déclara hautement qu'il se mettait sous la protection des Dieux de Rûm, des Illides et de leurs successeurs, qu'il suppliait Ta Splendeur d'étendre la main sur Dorgba-Datên et de la garder contre les hordes de pillards.

Tout le peuple l'entendit et l'acclama et le Gouverneur jura devant Laha et tous les Dieux de rester fidèle à son alliance avec moi, et le peuple poussa des cris de joie et toute notre procession fut conduite au Temple qui était au pied de la citadelle. L'Imam nous fit approcher, le Gouverneur et moi, et jurer solennellement devant Laha que nous serions l'un et l'autre loyaux et fidèles à nos serments.

Ensuite eurent lieu toutes sortes de cérémonies, qui furent très longues et très compliquées, et beaucoup de discours furent prononcés et beaucoup de cris furent poussés. Il me fut donné un appartement dans le donjon et je m'y installai avec Prajna et Râ se levait quand nous nous trouvâmes seuls. Dans cette région qui est proche de l'Ornière, il y a des gens qui vivent la nuit comme dans le Sud et des gens qui vivent le jour comme dans le Nord, de sorte qu'il y a toujours du mouvement dans les rues, des boutiques et des tavernes ouvertes.

Je disposais de trois chambres aux murs nus et austères avec des cheminées hautes et vastes où l'on brûlait des arbres entiers.

Les plafonds étaient voûtés, soutenus par des consoles ornées d'écussons sculptés dans la pierre et peints. Autour des portes il y avait des colonnettes et des arches en anse de panier, et le sol était couvert de dalles grandes et petites et recouvert de tapis de corde.

Il y avait de gros meubles carrés avec des vantaux sans ornements, mais le bois en était beau et dans une des salles il y avait un grand baquet de bois plein d'eau chaude. Le lit était très élevé, il avait un matelas dur et des courtines de cuir. Les fenêtres étaient très étroites et très hautes, semblables à des meurtrières, et leurs vitres étaient faites de losanges de verre épais et plein de bulles collés dans du plomb.

Les servantes qui nous apportèrent l'eau chaude nous apportèrent aussi des victuailles, et c'étaient des pâtés de lièvre et de faisan, un foie de veau cuit dans un bouillon aromatisé qui était délicat et tendre, des pommes, une purée de châtaignes au lait et du vin de Dorgba.

Prajna enleva ses vêtements et elle alla pensivement d'une salle à une autre en se mordant le doigt. Elle fut prise entre les rayons de Râ qui entraient par l'une des fenêtres et les rayons qui venaient de la cheminée, et son corps me parut tout rose et superbe et le duvet qui recouvrait ses jambes étincelait comme de l'or. Ses seins étaient blancs et durs comme deux boules de cire alors que ses mains et son visage étaient hâlés et rougis, et ses cheveux qui étaient devenus très longs pendaient comme une crinière sur sa croupe.

Prajna rejeta ses cheveux et pleura. Je fus étonné, car j'enlevais ma cuirasse et j'étais dans un état bizarre, parce que j'étais émerveillé par le subit changement de nos fortunes et effrayé par les responsabilités que j'avais prises, et je riais en moi-même et parfois un frisson me traversait comme si j'eusse été effleuré par l'aile d'un fantôme.

Et voici que Prajna pleurait, en faisant beaucoup de bruit comme un enfant, les larmes jaillissaient de ses yeux comme des gouttes de plomb et elle avait la bouche ouverte et le menton qui tremblait et elle se tordait les mains.

Comme je venais à elle Prajna me jeta un regard égaré et parut se calmer, mais elle se remit à sangloter et à gémir, frottant son front contre ma poitrine et saisissant mes vêtements dans ses mains comme si elle eût voulu les déchirer, et frappant le sol du pied comme une bête furieuse.

Elle avait mal, parce que ses sanglots étaient durs et la déchiraient comme des dents de scie et c'étaient toutes les horreurs que nous avions vues qui remontaient en elle comme un vomissement de douleur et parfois elle criait : « Les enfants ! les enfants ! » C'était une scène particulièrement hideuse que nous avions vue qui l'obsédait et cette scène je ne l'ai point décrite.

Nous avions trouvé dans l'une des clairières de la forêt des enfants dont certains étaient à la mamelle et dont les plus âgés avaient peut-être six ans. Ils avaient été enfoncés sur des pieux les uns sur les autres et tailladés à coups de glaive et de hache. Il n'y avait plus sur ces pieux qu'une sorte de boue sanglante d'où émergeaient de petits bras et de petites jambes et parfois une tête était intacte et elle avait gardé un sourire ou elle avait les yeux fixes et avait l'air de contempler on ne savait quoi.

Prajna bondit sur moi et cria : « Je veux que tu les tues ! » Et elle cria : « Et maintenant je suis lasse de ta douceur et de ta prudence et je veux que tu ailles dans ce peuple et que tu le massacres ! Ne vois-tu pas que ce ne sont point des hommes mais des esprits de l'Enfer et des génies de Satan et qu'il n'y a point à les traiter autrement qu'on ne traite des génies de Satan et qu'il faut les exterminer et les annihiler ! Mais toi, tu n'es que douceur et bonté et alors que l'Ourane lui-même a mis sa puissance dans ta main tu ne songes qu'à la paix et au moyen d'éviter le carnage. Mais moi je te dis, va maintenant dans le carnage et tu verras que la puissance de l'Ourane est dans ton bras et son indignation dans ton glaive et que tu accomplis la volonté de l'Ourane en exterminant ces Némurions et ces esprits des ténèbres, et qu'il n'y a point de pitié à avoir pour eux, car ce ne sont ni des hommes ni des animaux, mais des génies de Satan ! »

Je frissonnai car, mon Seigneur, mon divin Frère, si j'avais disposé de troupes puissantes, je pense que j'eusse fait exactement cela que Prajna me commandait, parce que mon âme s'était desséchée à la vue des horreurs, il y avait en elle à l'égard des Némurions une haine ardente et le Dieu de violence m'aveuglait quand je pensais à eux.

Et voici que j'avais fait alliance avec des Némurions, et mis ma main dans celle du Gouverneur. Certes ni lui ni ses soldats n'avaient la férocité des autres, mais ils appartenaient par leur sang à ce peuple damné et moi-même, bien que ma raison me montrât que j'avais agi sagement, j'étais dégoûté à la pensée que j'avais affaire à ces êtres, et que je leur parlais et que je les traitais comme des gens d'honneur.

Autant le dire ici, ces Némurions de Dorgba-Datên étaient très différents des autres. Cette région n'avait jamais été entièrement conquise et dominée par eux parce que les Illyriens de cette région s'étaient vaillamment défendus et que le Roi des Némurions, ne parvenant pas à en venir à bout, les avait pris sous sa protection personnelle, et leur avait laissé leur liberté.

Avec le temps, des familles némurionnes s'étaient installées dans le pays, mais seulement sous certaines conditions très strictes, elles avaient été désarmées et employées par les Illyriens à la culture du sol et elles avaient appris à aimer la paix. Ces familles s'étaient accrues et multipliées et enfin elles étaient arrivées à remplir des charges publiques, mais elles n'avaient plus rien de commun avec leurs congénères, en dehors de la physionomie.

Prajna voyait cela aussi bien que moi, mais dans sa fureur elle avait perdu le sens de la proportion et cette sauvagerie qui l'habitait ressortait comme une suée.

Je l'aimais, mais cette violence qui était en elle ne me semblait point très différente de celle qui rendait les Némurions si épouvantables et je frissonnais en me demandant où donc était la fin de la violence s'il fallait verser le sang au nom de la justice, et pourtant, si on ne le versait point, on se livrait au supplice et à la mort comme un agneau. Ne devais-je point défendre Prajna avec mon glaive ? Mais dès lors je devenais moi-même un homme de sang et je ne voyais plus la fin des massacres.

J'élevai mon esprit vers l'Ourane, mais l'Ourane ne me répondit point.

Je menai Prajna vers le baquet d'eau chaude, la fis entrer dedans et la lavai. Je la fis asseoir dans le baquet et je lavai ses cheveux et parfois un sanglot l'agitait, mais je sentis qu'elle se calmait. J'entrai dans l'eau à mon tour et voici que Prajna se mit à rire, disant : « Tu te souviens de Luctudonum ? » Je lui dis : « Mais n'avais-tu point honte de te montrer à moi, alors que nous n'avions pas honoré la Phrodite ? » Prajna, rit, disant : « Mon Seigneur, je ne suis pas belle de visage, et je n'avais aucun autre moyen de te rappeler que je n'étais pas indigne de te plaire. »

Et je vis que dans la moelle des os de Prajna il n'y avait pas moins de ruse et de coquetterie que dans les autres femmes.

Au lever de Thana, j'allai vers les hommes de Noreth et je choisis cinq d'entre eux. Je leur remis à chacun une lettre pour toi et une lettre pour le

Dioclétien Amon et je leur donnai l'ordre de suivre chacun un chemin différent et je les envoyai vers toi.

Je fis preuve d'un excès de prudence, parce que s'il était impossible à une troupe aussi nombreuse que la nôtre de traverser les hordes némurionnes, un homme seul ne courait à peu près aucun risque et, comme tu sais, tous les messagers arrivèrent à destination.

Il ne fallut au plus habile d'entre eux que dix jours pour aller et revenir. Il portait une lettre de toi qui était signée de ta main, des messages pour le Gouverneur et les notables de la ville, et une lettre du Dioclétide Amon qui servait sous tes ordres et qui avait été nommé Antipréfet à cause de sa vaillance dans le carnage et de la grandeur de son nom.

Durant ce temps, je me préparai au combat, parce que les hordes approchaient, mais aussi j'appris qu'en obtenant la reddition de Dorgba-Datên j'avais accompli à mon insu un grand acte politique, parce que les diocèses situés derrière Dorgba, voyant que Fornes avait été effacée et que rien ne pouvait plus sérieusement entraver la marche des légions, étaient dans la stupeur et l'effroi, et que tous les Gouverneurs qui tenaient le pouvoir du Roi des Némurions songeaient à se soumettre à ton autorité, craignant à juste titre les Princes némurions vaincus et furieux plus que toi.

Ils avaient vu comment les Némurions refoulés et repoussés envahissaient les domaines et les apanages situés le long des Routes Royales, et ils avaient compris qu'avec leurs garnisons démunies ils ne pouvaient défendre ces domaines et ces apanages. En outre, j'appris qu'il y avait des soulèvements parmi les Illyriens et que les paysans égorgeaient et massacraient les Némurions.

Ainsi, la soumission du Gouverneur hâtait la fin de la guerre et comme nous avons vu par la suite, il ne fallut que six mois pour que tout le pays compris entre Thûg-Norqâa et Athènes reconnût la suzeraineté de Rûm et que les trente millions d'hommes qui habitaient ce pays fussent de nouveau placés sous les lois de l'Empire.

Mais, en ce moment dont je te parle, rien n'était encore décidé ni sûr, et j'avais à faire face à une situation difficile, parce que les hordes némurionnes arrivaient aux frontières de Dorgba-Datên, incendiant, pillant, saccageant, massacrant et festoyant et je n'avais sous la main, outre ce qui me restait des gens de Noreth, que mille cavaliers, et des vingt mille et cinq mille hommes qui composaient les milices, il y en avait cinq mille seulement qui fussent alors en état d'entrer en campagne.

Ces cinq mille hommes étaient, en principe, d'excellents soldats car, ainsi que je te l'ai dit, les Illyriens de Dorgba-Datên avaient conservé leur liberté et formaient comme une île libre au milieu de l'oppression et, connaissant les Némurions, ils n'avaient point cessé de s'exercer aux armes, en cela pareils aux habitants d'Erembûrz-Datên.

Seulement, ces milices n'avaient point eu l'occasion de voir le carnage, et je craignais que ces hommes n'eussent plus la magnanimité de leurs pères et qu'ils ne mollissent au moment décisif, voyant venir à eux la mort et le visage d'Ounêbo.

Je fis donc partir les messagers, pris avec moi le sage Nasroddîn et fus conférer avec le Gouverneur et les notables. On me montra une carte et je vis sur cette carte que la région de Dorgba-Datên formait une vallée, que la ville était sise dans la partie la plus large et qu'elle en défendait l'entrée. Derrière la ville commençait la Route Royale qui unissait Dorgba à Varm et cette Route suivait le fond de la vallée qui allait se rétrécissant pour ensuite s'élargir de nouveau et se fondre dans la plaine.

Nous étions assemblés dans la grande salle du conseil près d'une fenêtre et la lumière de l'Athénade tombait sur la carte.

Le Gouverneur était assis en face de moi, avec son sourire douloureux qui semblait sournois, et il portait de temps à autre sa main dans sa poitrine et se palpait, et l'angoisse paraissait dans ses yeux. Puis il faisait un effort sur lui-même, et se penchait sur la table pour m'expliquer la configuration du pays. Le sage Nasroddîn l'observait en tiraillant sa moustache, et une grosse lanterne était pendue au-dessus de la table.

On aurait cru que cette lanterne était éteinte parce que la lumière de l'Athénade était vive, mais quand un nuage masquait le bouclier vivant, une lumière jaune vacillante tombait de la lanterne sur la table.

Outre le Gouverneur, il y avait là l'Episcope de la cavalerie et les chefs des milices qui étaient de gros propriétaires et faisaient partie des familles nobles du pays, et c'étaient des hommes gras avec des yeux gourmands et des lèvres habituées à faire des sourires obséquieux. Je me dis que si les milices leur ressemblaient nous étions perdus, parce qu'il était clair qu'ils ignoraient tout du carnage.

Je regardai la carte et je vis qu'à la partie où la vallée se resserrait il était indiqué qu'il y avait des fortifications.

J'interrogeai le Gouverneur qui haussa les épaules, disant qu'il ne restait de ces fortifications qu'un mur aux trois quarts effondré et qui ne servait plus à rien parce que les gens du pays n'ayant rien à redouter du Roi des Némurions ne l'avaient point entretenu, alors que les fortifications de la ville, au contraire, étaient en excellent état parce qu'elles faisaient face à des régions d'où pouvait venir le péril.

Je dis au Gouverneur : « Mais, mon Seigneur, c'est maintenant du côté de Varm qu'est le danger et, depuis que la guerre a commencé, tu as eu grandement le loisir de faire réparer ce mur, et tu n'as donc rien fait ? »

Il me dit : « Mon Seigneur, c'eût été offenser le Roi que de réparer ce mur et de lui signifier par là qu'il n'était pas capable de nous défendre. A travers cette plaine que tu vois derrière notre vallée passe une Route Royale et les nomades qui habitent cette plaine reconnaissent l'autorité du Roi et sa ville n'est qu'à soixante douls d'ici. Or lorsque nous sommes venus dans le pays, il est bien vrai que les habitants de Dorgba se sont vaillamment défendus et que ce mur les a sauvés. Mais depuis, les choses ont beaucoup changé, et de bonnes relations se sont établies entre le Roi et les habitants de Dorgba, et ce mur n'a plus eu aucune utilité et peu à peu les ronces s'y sont mises et voici que des années et des années se sont écoulées et ce mur n'est plus qu'une ruine. »

Je dis au Gouverneur : « As-tu été au moins voir de tes yeux ce qu'il en est ? » Il parut embarrassé et répondit : « Non, mon Seigneur. » Je vis que son mal l'occupait et l'absorbait et dévorait son esprit et qu'il n'avait point eu la force et le courage de faire le nécessaire en ce qui concernait le mur.

Je me tournai vers les autres et je leur demandai : « Et vous, vénérables prudhommes, y a-t-il parmi vous quelqu'un qui a été voir de ses yeux l'état de ce mur ? » Ils me répondirent : « Oh non, mon Seigneur, parce que c'est le Gouverneur qui est chargé de la défense de Dorgba-Datên, et c'eût été offenser le Gouverneur que d'empiéter ainsi sur ses droits et ses privilèges. »

Je pensai en moi-même : « Ainsi, imbéciles, par crainte d'offenser le Roi des Némurions vous avez laissé l'un des éléments essentiels de votre sauvegarde tomber en ruine et par crainte d'offenser le Gouverneur, quoique sa maladie soit visible et que la mort soit sur sa face, vous n'avez rien fait pour réparer et consolider ce mur. »

J'eus dans le dos une sueur parce que je voyais d'une part que j'avais affaire à des incapables et d'autre part que toute la vallée derrière nous était ouverte et telle qu'une femme étendue et les jambes ouvertes devant les hordes des pillards.

Alors je me levai et je regardai tous ces hommes gras comme on regarde un morceau de bois et je leur donnai l'ordre de convoquer tous les maçons et les charpentiers du lieu. Je leur dis que je partais immédiatement avec la cavalerie et les milices qui étaient prêtes à entrer en campagne, que je m'établissais avec ma troupe devant ces fortifications et qu'on devait m'envoyer tous les hommes valides du pays à mesure qu'ils arriveraient à Dorgba pour se faire enrôler dans les milices.

Lorsque j'eus levé la séance et que je me trouvai seul avec le sage Nasroddîn, je me prosternai devant le Mullah, qui me bénit, disant : « N'aie point de crainte, parce que la majesté de l'Ourane est avec toi, et que tu seras victorieux. » Il me releva, me baisa sur les joues comme si j'eusse été son enfant, et me dit : « Va ! Et n'aie point de crainte, parce que nos tribulations touchent à leur fin. »

Je rassemblai mes cinq mille hommes de pied, mes mille cavaliers, tous les maçons et les charpentiers de la ville, et je me mis en marche. J'emmenai Prajna avec moi, car on la prenait pour mon page à cause de ses allures garçonnières et de sa haute taille. Je lui mis une cape sur les épaules qui dissimulait ses formes et la chargeai de porter mon oriflamme. Elle eut un bouclier léger et un sabre et fut toute ravie et fière de chevaucher avec moi dans cet accoutrement.

Nous sortîmes de Dorgba au lever de Râ. Les femmes, les vieillards et les enfants montèrent sur les remparts pour assister à notre départ, et toute une multitude aussi nous accompagna hors des murs, et le long de la route des gens offraient qui des pains, qui des flacons de vin, qui des jambons. Beaucoup pleuraient, reconnaissant un mari, un fils ou un frère, et je vis que les hommes étaient graves et qu'ils avaient un rire forcé en saluant les gens de leur famille et leurs connaissances. Je parle en ce moment des hommes de pied, parce que les cavaliers, qui appartenaient aux familles riches et à la noblesse du lieu, affectaient un air hautain et nonchalant ou faisaient des mots plaisants.

J'avais avec moi en guise de garde personnelle les hommes de Noreth qui me restaient. Je prenais avec moi quelques garçons très agiles et délurés que j'avais remarqués et qui appartenaient à la population des forêts et déjà depuis longtemps tenaient à merveille leurs rôles de messagers et d'éclaireurs.

En beaucoup plus petit Dorgba-Datên avait la même configuration qu'Erembûrz-Datên et c'est une des raisons pour lesquelles les Illyriens avaient pu s'y maintenir. Dans toute cette vallée l'influence de Rûm était très sensible, et bien que les maisons datant d'avant l'invasion eussent été les unes détruites et les autres transformées, les gens du pays avaient adopté l'architecture rûmienne et l'on voyait des fermes surmontées d'un toit de tuile et qui avaient un fronton à trois cornes.

Ces fermes étaient d'une couleur fauve tirant sur le rouge et souvent autour des portes et des fenêtres il y avait des bandes blanches. On voyait aussi de petits Temples dont les dômes étaient comme une pomme posée sur trois pommes et il y avait ici et là des cyprès, des platanes et des oliviers.

Cette vallée présentait un aspect curieusement austère parce que les pentes étaient surmontées d'entablements rocheux et rougeâtres qui ressemblaient vaguement à des fortifications.

Sur toutes les pentes il y avait des murs qui retenaient la terre et des champs inclinés où l'on cultivait la vigne. En bas, dans la vallée même, les fermes étaient sales et mal tenues, et je mentirais si je prétendais que la région était riante et opulente, mais on voyait que la terre était ingrate.

Pendant que nous cheminions, je fus absorbé dans mes pensées, car s'il ne s'agissait pas de gagner des batailles et de repousser les Némurions, il s'agissait de tenir en attendant l'arrivée des légions, et une certaine pente de mon esprit me faisait voir tout en noir. Je craignais grandement que ces milices ne fussent composées que d'hommes pusillanimes et que devant les hordes némurionnes elles ne fussent prises de panique.

Mais vers le coucher de Râ nous arrivâmes au mur dont j'ai parlé, et je fus grandement réconforté et soulagé parce qu'il n'était point en aussi mauvais état que je l'avais craint. Les maçons avaient un Ancien qui était un homme robuste avec de grosses moustaches comme celles du sage Nasroddîn et il m'assura qu'il pouvait réparer et consolider ce mur en deux jours.

Je fis élever devant ce mur des retranchements de terre et il me parut que notre position était solide, à cause de l'étroitesse de la vallée parce que cette étroitesse même empêchait les cavaliers de former un large front.

Or d'après mes réflexions, j'avais conclu que la cavalerie est redoutable surtout par l'effroi qu'elle sème et quand on voit arriver au trot, puis au galop, une vaste masse de chevaux. Cette masse produit l'effet d'une force irrésistible, et telle qu'un torrent qui se déverse en écumant et en grondant. Or les Némurions étaient empêchés de se montrer en grande force et en masse par le resserrement de la vallée, mais devaient arriver par petits paquets les uns derrière les autres et ne pouvaient former une ligne que d'une cinquantaine de chevaux à la fois.

Etant ainsi rassuré, j'envoyai mes garçons. Au-delà du mur, la vallée faisait un coude, et il y avait là encore des fermes et il y en avait jusque sur la plaine sur laquelle la vallée débouchait.

Mes éclaireurs revinrent, disant qu'il y avait sur la plaine une troupe de Némurions qui n'était pas considérable et qu'ils campaient à l'entrée de la vallée.

J'allai voir par moi-même ce qu'il en était et il y avait là environ deux mille chevaux, et plus loin il y avait des troupeaux de moutons. Les Némurions semblaient établis là depuis quelques jours déjà, et quand Râ fut couché, j'envoyai mes éclaireurs loin dans la plaine pour voir s'il y avait d'autres troupes dans les environs, mais la plaine était déserte.

J'eus alors à prendre une décision, et de toutes celles que j'ai eu à prendre dans ma vie, je pense que cette décision fut la plus difficile, parce que l'occasion était belle et que je sentais qu'il fallait la saisir. J'avais l'avantage du nombre et de la surprise, mais je n'avais aucune espèce de confiance dans les hommes que je commandais et de plus je ne les connaissais point et je n'en étais pas connu.

Toutes les raisons que je pouvais avoir de ne point me hasarder s'abattirent et fondirent sur moi comme des corbeaux. Je me dis que je n'avais jamais exercé le commandement, que les hommes étaient fatigués, et que si j'essuyais un revers c'en était fait de mon crédit. Pis encore, ce revers aurait des conséquences noires, parce qu'il ébranlerait encore davantage l'esprit des milices.

Tout en pensant ces pensées, je considérais le campement des Némurions, qui formait dans l'obscurité un semis de feux, et la brise apportait un murmure dans lequel on distinguait confusément des chants, des rires, des éclats de musique, et cette espèce de bourdonnement étouffé que fait une troupe de chevaux qui piétinent le sol, mâchonnent leur fourrage et s'ébrouent.

Prajna était à mes côtés et ses joues étaient empourprées, et son souffle était précipité et dans ses yeux bondissaient des lances et ses narines étaient dilatées. Les garçons se chuchotaient les uns dans les oreilles des autres, riaient silencieusement, les uns assis et les autres à plat ventre, mais ils ne tenaient pas en place et changeaient continuellement de position, parfois me dévisageaient, parfois dans leur impatience arrachaient des herbes et cassaient les branches d'un buisson.

Les deux Lunes montaient, mais le ciel était couvert de gros nuages pareils à des sacs de pommes qui semblaient flotter sur un courant. Quand ils s'écartaient il se formait ici et là des flaques de lumière sur la plaine et quand ils s'amoncelaient ils plongeaient la plaine dans les ténèbres.

Il y eut un bruit derrière moi et je me tournai. L'Episcope de la cavalerie gravissait la pente pour voir lui aussi de ses yeux comment se présentait la situation. Cet homme appartenait à cette espèce de race nouvelle qui se formait par le mélange du sang némurion et du sang illyrien. Il était assez petit, mince, avec une peau jaune à travers laquelle saillaient les os. Son visage était comme une feuille de papier appliquée sur le squelette, il avait une barbe malingre qui était comme une sorte de ronce qui envahissait les joues, une moustache mince et l'on ne voyait pas ce qu'il pensait.

Je lui dis : « Vénérable Torii-Naq, je me propose de descendre dans cette plaine avec toi et ta cavalerie et de surprendre ces tribus et de les massacrer. »

Il eut un rire étouffé, porta sa main devant sa bouche, et dit : « Mon Seigneur, tes façons m'ont grandement plu durant le conseil, et j'ai vu que tu es un homme prompt et que tu as le jugement sûr. Et je pense que si tu as pris cette décision, cela signifie que tu es certain du bon succès de cette entreprise. »

Je lui dis : « Vénérable Torii-Naq, il y a cependant une chose qui m'arrête, parce que je ne connais point les gens de Dorgba et ils ne me connaissent pas, et je ne sais si ces hommes, qui ne sont point aguerris, sauront se comporter vaillamment dans le carnage. Au surplus, nous avons marché rapidement, et la fatigue des hommes est grande. Or tu sembles un homme sage, prudent, de bon conseil, et j'aimerais connaître ton opinion. Car il n'est pas douteux que l'occasion est belle, et qu'il n'y a qu'à étendre la main pour s'en emparer, mais voici ! Je suis comme un homme dont on a garrotté le poignet et qui ne sent plus sa main, et je ne sais ce que valent ces milices que je commande et je ne connais pas non plus la valeur de tes cavaliers. »

L'Episcope dit : « Mon Seigneur, quant aux milices, elles sont composées de paysans et les paysans ont le crâne opaque et l'on ne lit point aisément leurs pensées. Mais de mes cavaliers je suis sûr, car ils sont tous bien nés, et ce sont de jeunes nobles qui ont le sang vif, et si tu m'en donnes l'autorisation, je descendrai avec eux et nous balaierons toute cette engeance. »

Je dis : « Mais tu n'as que mille chevaux, et d'après ce que nous pouvons observer, il y en a deux mille dans ce campement, et sans l'appui des hommes de pied tu risques d'être culbuté et enfoncé. »

Il eut de nouveau son petit rire et dit : « La surprise vaut bien mille chevaux. Donne-moi seulement l'autorisation et je balaierai toute cette engeance. »

Je vis alors que cet Episcope était dévoré par l'ambition et qu'il me haïssait parce que le commandement m'avait été remis, qu'il pensait acquérir beaucoup de gloire auprès de ses compatriotes et un grand renom militaire en massacrant les Némurions dont on voyait les feux. Je remarquai qu'il avait d'abord dit : « Nous balaierons toute cette engeance », et qu'à présent il disait : « Je balaierai. » Je remarquai aussi qu'il méprisait les paysans et croyait, parce que nos cavaliers étaient bien nés, comme il disait, qu'ils étaient nécessairement des hommes supérieurs et des princes du carnage.

Je dis au vénérable Torii-Naq : « Voici ! Tu prendras tes cavaliers et tu suivras le pied des montagnes et tu contourneras le campement des Némurions et c'est depuis la plaine et dans leur dos que tu les attaqueras. Et moi, je prendrai les hommes de pied et j'avancerai vers le campement, de sorte que toi, tu repousseras les Némurions sur nous et ils seront pris entre tes cavaliers et mes fantassins comme entre le Dragon et la Chimère. »

L'Episcope, qui avait son gant à la main, frappa sa cuisse avec son gant et dit : « Il en sera ainsi, mon Seigneur ! Il en sera ainsi ! » Il semblait tout excité et émoustillé par la perspective du combat.

Je descendis vers les milices, et je les trouvai qui avaient formé plusieurs campements. Les hommes de chaque village étaient ensemble, et ils étaient à cropetons dans l'obscurité, parce que j'avais interdit de faire des feux avant d'avoir pris ma décision, de crainte de révéler notre présence aux Némurions.

J'examinai les remparts de terre qui avaient été élevés devant le mur et ils me parurent bien faits et solidement bâtis.

Quant aux gros propriétaires qui étaient les commandants de la milice, ils n'étaient pas encore arrivés, car ils voyageaient lentement, dans leurs carrosses, et n'étaient point anxieux d'exposer leurs belles panses au danger.

Or j'allai vers les hommes qui étaient là dans l'obscurité, et ils étaient autour de moi comme des ombres et comme des fantômes, sauf quand les nuages s'écartaient, car alors l'éclat de l'Athénade était grand, et jetait partout des lueurs vives. Quand je les vis, ces hommes, la confiance me vint, parce qu'ils étaient graves et silencieux, et il y avait en eux comme une austérité. J'allai des uns aux autres, et je leur parlai. C'étaient des hommes lents et lourds, et la crainte ne se mettait pas facilement en eux, mais ils étaient comme du bois mouillé que la flamme ne peut mordre.

A mesure que j'avançais ils prenaient chacun son bouclier et son javelot, se rangeaient tantôt à mes côtés et tantôt derrière moi, en nouant la mentonnière de leur casque, et ils allaient au combat comme ils se fussent rendus au labour, et je me souvins de Sorcade et je vis que c'était un homme de leur espèce. Chacun était sous les armes comme un laboureur qui trace un sillon, ils avaient le pas d'un homme qui fait entrer le soc dans la terre, tantôt s'arrête pour enlever une pierre de son champ et tantôt appuie sur les manches de sa charrue et avance.

J'ignorais alors que tous ces hommes avaient entendu parler des ermites et de moi, qu'on leur avait conté de grandes merveilles à mon sujet, qu'on avait grossi et enrichi de toutes sortes de fables tout ce qui nous concernait, les ermites et moi, et que durant les jours que nous avions passés à Dorgba, les hommes de Noreth avaient transformé notre marche à travers les forêts en perpétuel prodige.

Mais je voyais qu'ils me savaient grand et très grand gré parce que j'étais venu parmi eux et parce que je ne me mettais pas avec l'Episcope et les cavaliers, mais avec eux, et parce que je leur parlais.

Nous franchîmes les ruines du mur, auxquelles malgré la nuit travaillaient déjà maçons et charpentiers, et nous sortîmes des retranchements qui étaient devant le mur et je postai là mille hommes, juste derrière le coude que faisait la vallée, en disant à leurs sacerdotes que si les Némurions parvenaient à se rendre de ce côté en grande force ils devaient se réfugier derrière les remparts, parce que c'était la défense de la vallée qui importait le plus. Puis je montai à cheval et j'allai de nouveau parler avec les uns et avec les autres.

Cette petite armée avait des bataillons gros et des bataillons maigres, parce que les gens de chaque village marchaient ensemble, et qu'il me semblait stupide de vouloir, comme le faisaient les commandants, ces gros propriétaires, que tous les bataillons eussent la même taille, car pour cela il fallait prendre des hommes des gros villages et les mettre avec ceux des petits villages, ce qui me paraissait inutile et stupide. Mais je dis à ces hommes de combattre chacun avec ceux qu'il connaissait, et de ceci également on me sut gré.

Alors j'allai vers l'Episcope et lui dis que nous étions prêts, et lui et ses cavaliers, ils étaient tous dans une grande impatience et en proie à cet Ange fou qui est pareil à une flamme qui toujours se hâte et se presse. L'Episcope donna le signal et les cavaliers s'ébranlèrent et contournèrent l'épaule rocheuse qui masquait l'entrée de la vallée.

Ma confiance grandit, parce que nous avions

l'avantage du nombre et de la surprise, et je pensai : « Nous allons continuer d'avancer vers les Némurions et l'Episcope va les attaquer dans leur dos et les rabattre vers nous et les uns s'empaleront sur nos piques, les autres seront abattus par nos flèches, et le demeurant sera taillé en pièces par nos glaives. La victoire est certaine. »

Je contournai l'épaule rocheuse et d'abord je ne vis pas grand-chose, parce qu'un épais nuage couvrait la plaine, qui interceptait complètement la lumière des deux Lunes. Mais je fus surpris et troublé parce que j'entendais clairement les chevaux, et cela risquait de donner l'éveil aux Némurions. Il me sembla que l'Episcope et sa cavalerie manquaient de prudence.

Je continuai à avancer, et je disposai les milices en créneau. Je passai devant les lignes, examinant les positions des piquiers et des archers, afin de voir si les premiers avaient la place pour manœuvrer leurs piques qui étaient très longues et très lourdes, et si les seconds étaient suffisamment resserrés, parce que je voulais que les volées fussent bien unies et que les flèches tombassent toutes ensemble sur leurs cibles. Une clameur vint de la plaine et quand je me tournai je vis une chose monstrueuse.

En effet, à cet instant il se fit une ouverture dans les nuages et je vis la cavalerie qui formait une longue ligne au milieu de la plaine et qui avançait directement sur les Némurions sans aucune espèce de prudence. L'Episcope m'avait désobéi et au lieu de contourner les Némurions et de jouer la surprise voici qu'il les attaquait ouvertement et follement.

Certes, en voyant surgir des ténèbres à l'improviste ces mille chevaux, les Némurions furent déconcertés et effrayés et comme ils étaient en train de s'enivrer et de festoyer, ils furent quelques moments à comprendre ce qui se passait.

Un certain nombre perdirent la tête et quand la

cavalerie entra de plein fouet dans le campement elle eut dans les premiers moments un grand avantage. Mais il y avait parmi les Némurions des hommes énergiques et qui avaient déjà vu souvent des situations semblables. Ils bondirent sur leurs armes, coururent vers leurs chevaux et vinrent sur l'Episcope avec des hurlements effroyables. Des Némurions saisirent des branches enflammées et les agitèrent sous les museaux de nos chevaux, de sorte que ces chevaux affolés se cabrèrent et reculèrent et que certains de nos cavaliers furent renversés et piétinés. L'Episcope croyant la victoire facile s'occupait surtout à poursuivre les fuyards et les gens parmi les Némurions qui couraient de-ci de-là en proie à l'épouvante. Il se passa ceci, que la ligne des cavaliers de Dorgba perdit son unité, parce que certains poursuivaient des hommes isolés, que certains reculaient pour calmer leurs chevaux, et que certains s'empêtraient dans les tentes et dans les cordages des tentes.

De sorte que le gros des Némurions vint sur eux et que l'inégalité fut mise dans le combat. Il y eut dès que le premier choc fut passé environ mille et cinq cents Némurions en état de combattre, sur les deux mille qui étaient là, mais ils avaient affaire tantôt à des cavaliers isolés, tantôt à des paquets plus petits que les leurs, et eux, ce genre de bataille leur était familier et c'était en quelque sorte leur élément. Ils formaient des masses compactes et se ruaient sur les gens de Dorgba et, comme ceux-ci étaient déconcertés, ils les divisaient, se retournaient, revenaient et les divisaient de nouveau.

Sans doute beaucoup de gens de Dorgba se battirent bien et courageusement, mais l'effet de surprise était aux trois quarts manqué et il me parut clair que ce combat devait s'achever sinon par un désastre, du moins par un échec grave.

Du point où je me trouvais, on distinguait assez clairement ce qui se passait dans le campement des Némurions, parce que les feux jetaient à travers la mêlée des éclats puissants, et ces feux étaient grands et nombreux, ici et là des tentes brûlaient, et des tas de foin et des chariots.

Partout les Némurions repoussaient et massacraient les gens de Dorgba, non seulement parce qu'ils connaissaient ce genre de combat et qu'ils avaient l'avantage du nombre, mais aussi parce que cet avantage ne cessait de croître, à cause que les cavaliers de Dorgba, frappés de stupeur par la rapidité avec laquelle les Némurions ripostaient à leur attaque, et par la violence avec laquelle ces mêmes Némurions les chargeaient, sentaient leur courage mollir et faiblir et, au lieu de se grouper et de faire face, cherchaient à s'échapper du carnage, et tantôt un cavalier seul, tantôt un petit paquet, tournaient bride et revenaient au galop vers nous.

A mesure que ces petits paquets de cavaliers sortaient du campement échevelés et éperdus, ceux qui continuaient à se battre se voyaient de plus en plus menacés et submergés, serrés de tous côtés par les Némurions, environnés d'une muraille de fer et de rage.

Comme je l'ai déjà dit, il y avait, parmi les cavaliers de Dorgba, des hommes qui se battaient vaillamment, mais il y en avait aussi beaucoup dont l'effroi rompait les os, et ils se laissaient porter par leurs chevaux vers les haches et les fléaux des ennemis et ceux-ci les abattaient, les hachaient, les renversaient et les piétinaient.

Ceux des Némurions qui n'avaient pu bondir en selle, voyant la tournure du combat, n'hésitaient point à attaquer les cavaliers, les atteignaient dans le dos ou bien les saisissaient par le bras et les arrachaient de leur selle, ou bien ils cassaient les pattes de leurs montures et leur tranchaient la gorge.

Ainsi, par la faute du vénérable Torii-Naq et à cause de l'imbécile fatuité de cet homme, une victoire facile se changeait en massacre.

Mon Seigneur, mon divin Frère, il y avait une seule chose à faire, et je la fis. Je donnai aux sacerdotes des milices l'ordre de pénétrer dans le campement et de l'occuper. Je rassemblai derrière moi les hommes de Noreth et je pénétrai moi aussi dans le campement, tenant le glaive de l'Abbé de Jautaham.

En dépit de l'énorme faute commise par l'Episcope, le succès n'était pas douteux, puisque nous avions toujours l'avantage du nombre et que j'entrais dans le campement avec quatre mille soldats. Mais à cause de cette énorme faute, ce succès ne pouvait être que sanglant et horrible, alors que si l'Episcope m'eût obéi, nous aurions eu très peu de pertes.

Nous entrâmes donc dans le campement, et d'abord les Némurions échauffés par le carnage et aveuglés par le Dieu de violence se ruèrent sur nous et ne virent apparemment point qu'ils avaient affaire à des troupes nouvelles. Ils se jetèrent avec leurs chevaux sur les fantassins et vinrent sur eux en rugissant. Parmi mes hommes, beaucoup eurent le crâne fracassé et furent foulés sous les sabots.

Mais dès que les Némurions eurent chargé, ils se trouvèrent séparés les uns des autres et de toutes parts entourés de glaives et de javelots et mes hommes éventraient leurs chevaux et égorgeaient les cavaliers. Comme ils étaient occupés à cet égorgement, d'autres Némurions les chargeaient et de nouveau mes hommes accouraient de toutes parts et au moment où les Némurions assaillaient un groupe, un autre groupe venait dans leur dos et les assaillait à leur tour.

On ne voyait plus qu'un tourbillon de lueurs, des

profils convulsés, des casques et des boucliers fendus, des glaives, des haches, des massues, des poitrails fumants, des têtes de chevaux hennissants et écumants, une sorte de grouillement livide d'hommes grimpant les uns sur les autres, frappant, criant, bondissant, tuant et mourant.

A mesure que nous pénétrions plus loin dans le campement, ces scènes devenaient sans cesse plus nombreuses et plus violentes, et le nombre des combattants augmentait, car au début il y eut pour nous charger une cinquantaine de Némurions seulement, mais ensuite ils vinrent par troupes de cent et de deux cents.

Ils pénétraient profondément dans la masse des fantassins, les frappaient et les foulaient sous leurs sabots, mais alors ils se trouvaient resserrés et immobilisés, et leurs montures s'effondraient, et ils disparaissaient comme des récifs recouverts par les vagues.

Il arrivait, parmi les miens, que toute une bande, se trouvant pour la première fois dans le carnage, fût prise de panique et cherchât à reculer et à s'enfuir. Alors les Némurions les poursuivaient et les hachaient. Mais ces malheureux ne trouvaient point d'espace libre, parce que les autres gens de Dorgba formaient une muraille compacte et continuaient à avancer, et alors ils refluaient vers les Némurions en hurlant et en se couvrant de leurs boucliers et pendant que les Némurions les tuaient, ceux de mes hommes qui avançaient saisissaient les Némurions à bras-le-corps, les arrachaient de leur selle et ils disparaissaient dans un fouillis sanglant.

J'avais fait distribuer des étendards écarlates à chacun de mes bataillons et lorsque les Némurions les virent ils crurent avoir affaire aux légions et crièrent : « Ce sont les Rûmiens ! »

Ce cri répandit l'effroi et l'étonnement dans leurs

rangs, et cet effroi et cet étonnement ne cessaient de grandir, car les Némurions voyaient de plus en plus clairement qu'ils étaient écrasés par le nombre sinon par l'excellence de leurs adversaires et qu'ils n'avaient aucun espoir de l'emporter.

Ceux des cavaliers de Dorgba qui ne s'étaient pas enfuis reprenaient courage, s'interpellaient à travers le carnage, reformaient leurs escadrons, chargeaient les ennemis et parmi ceux qui s'étaient enfuis il y en eut qui eurent honte de leur lâcheté et qui, voyant que la fortune des armes avait changé, revinrent et pénétrèrent dans le campement et reprirent le combat.

Les feux ajoutaient au danger et à l'horreur, car il arrivait que des chevaux tombassent dedans ou bien que des hommes roulant les uns sur les autres se trouvassent tout à coup au milieu des flammes. Les vêtements pleins de feu, ils bondissaient à travers le campement en hurlant, et leurs cheveux et leurs barbes brûlaient, et ils couraient de-ci de-là en hurlant. Partout il y avait des chevaux blessés qui ruaient et se cabraient, des chevaux mourants et morts, des chariots renversés, des tentes qui s'écroulaient, et l'on marchait sur des pots cassés, sur des victuailles et des vêtements.

Quant à moi, je continuai à avancer, tenant levé le glaive de l'Abbé de Jautaham, et suivi par les hommes de Noreth.

Je tuai deux Némurions seulement, parce que les gens de Dorgba s'interposaient toujours entre les ennemis et moi, et deux seulement parvinrent à percer leur masse et ils arrivèrent pantelants et exorbités, de sorte que je n'eus qu'à étendre le bras pour les égorger.

S'il faut tout dire, mon armure, loin de les attirer, semblait les effrayer, et au lieu d'essayer de m'atteindre et en me tuant de décapiter en quelque sorte la puissance de leurs adversaires, qui eussent certainement molli et faibli en voyant que leur chef était mort, ils se tenaient à distance et reculaient devant moi. Mais surtout je fus continuellement entouré et protégé par les gens de Dorgba, et à mesure que j'avançais dans le milieu du campement, je les entendais autour de moi qui poussaient des cris de triomphe et m'acclamaient.

Au milieu du campement, il y avait une petite éminence et je me plaçai là avec les hommes de Noreth. Je me tournai pour dire à celui qui portait mon oriflamme de la planter là. Alors je fus épouvanté, parce que Prajna était là parmi les hommes de Noreth, et c'était elle qui tenait mon oriflamme.

Je t'ai dit, mon Seigneur, mon divin Frère, que les hommes de Noreth la craignaient depuis l'engagement qui avait eu lieu dans la plaine, au pied des montagnes qui entourent Erembûrz-Datên. Ils n'avaient point osé s'opposer à ce qu'elle nous accompagnât, croyant peut-être qu'elle avait mon consentement. Je ne sais ce que j'eusse fait si j'avais soupçonné sa présence au sein du carnage, mais la bataille tirait à sa fin et le péril diminuait de moment en moment. Aussi, je me contentai de la souffleter et je lui donnai l'ordre de planter mon oriflamme.

Maintenant la panique s'était mise dans les Némurions et ils ne cherchaient plus qu'à s'enfuir. Et voici que les gens de Dorgba venaient devant moi, tenant des têtes coupées qu'ils me présentaient. Bientôt j'eus devant moi un monceau de têtes coupées, et mon cheval les flairait et reculait en frémissant. On m'amena quelques captifs, mais les gens de Dorgba avaient trop de sang némurion dans les veines et ils étaient trop échauffés par le carnage pour se souvenir de leur humanité et la plupart des Némurions qui se prosternaient devant eux et tentaient de se rendre furent égorgés et massacrés.

Une sorte de terrible jovialité emplissait maintenant mes hommes enivrés et aveuglés par le Dieu de violence. Ils allaient et venaient à travers le campement, tuaient les blessés némurions et de combattants se changeaient en bourreaux.

Les Némurions s'enfuyaient de tous côtés, mais certains préféraient périr sur place et se battaient comme des lions. Une centaine formèrent une ligne et chargèrent. Mais mes hommes présentement étaient aguerris, ils s'écartèrent et se baissèrent et sitôt que les cavaliers furent passés ils se retournèrent et les abattirent. Quand les derniers Némurions qui se trouvaient dans le campement eurent été tués, la bataille s'arrêta.

On m'apporta le cadavre de l'Episcope, et je ne fus pas mécontent de le voir, parce que s'il eût survécu je l'eusse fait pendre.

Nos pertes en effet étaient lourdes, et toutes étaient dues à l'ineptie de cet homme. Nous perdîmes dans cette rencontre deux cents et cinquante et trois fantassins et nous perdîmes cent et quinze cavaliers, alors que si mon plan eût été suivi je doute que nous eussions perdu plus de dix hommes et peut-être les Némurions, se voyant surpris, encerclés, dominés par le nombre, se fussent rendus sans combat.

Cela dit, je dois ajouter que cette bataille eut des conséquences heureuses, d'une part parce que les Némurions qui parvinrent à s'enfuir répandirent le bruit que les Rûmiens couvraient Dorgba-Datên, d'autre part parce que cette bataille transforma les milices en soldats et que j'eus désormais sous la main des hommes qui avaient vu Ounêbo face à face et qui pouvaient comprendre le pourquoi de certaines dispositions.

Telle fut, mon Seigneur, mon divin Frère, ce que les gens de Dorgba appelèrent la première victoire de Ruên. Ce fut à leurs yeux une grande et une superbe victoire, et aux miens ce fut une chose épouvantable, dont le souvenir bouleversait le cœur.

Quand cette bataille fut terminée, tous les hommes de Dorgba se portèrent vers moi. Ils entourèrent le tertre sur lequel je me trouvais en poussant des acclamations et des rugissements de triomphe. Je vis ce que c'est que cette gloire militaire que les hommes aiment tant et je vis que c'est une pauvre et misérable chose, et mon âme trembla dans mon corps parce que je vis que ces hommes m'attribuaient la victoire et me prenaient pour le Dieu de violence lui-même. Il y en eut qui se mirent à genoux devant moi et il y en eut qui vinrent baiser mon étrier et ma main.

De hautes flammes éclairaient le champ de bataille et les deux Lunes tantôt le balayaient de leurs rayons et tantôt disparaissaient dans les ténèbres.

Je descendis la pente, suivi de Prajna et des hommes de Noreth. Je donnai l'ordre de tuer les chevaux blessés, et aussi d'épargner les hommes s'il s'en trouvait de vivants. Il y avait partout du sang, des viscères, des têtes écrasées et fendues, des cuirasses éclatées, des glaives tordus et cassés, et encore du sang, de la poussière, ici et là quelques petits arbustes qui étaient intacts et n'avaient pas perdu une branche, et certains morts avaient des plaies hideuses et certains paraissaient n'avoir rien.

Il en était qui étaient dans des poses étranges et j'en vis un qui était assis, la tête dans la main et le coude sur le genou comme un homme qui lit. Un autre avait un rocher enfoncé dans les mâchoires, et ses joues s'étaient fendues et il avait ce rocher qui semblait jaillir de sa gorge et des traînées de sang noir sur le cou. Au-dessus du rocher on voyait encore son nez et le haut du visage et ses yeux qui étaient ouverts et furieux.

Râ se levait quand nous rentrâmes dans la vallée, et nous fûmes accueillis comme des triomphateurs par les troupes que j avais laissées au pied des fortifications et par les maçons et les charpentiers. Tous les gens qui habitaient ce coin de la vallée vinrent nous accueillir nous embrasser et nous acclamer. Un messager fut envoyé à Dorgba et il y eut dans le Temple de cette ville une grande cérémonie.

Durant les jours suivants, les Némurions commencèrent à arriver et depuis l'escarpement qui dominait la plaine, je vis leurs hordes grossir et se multiplier et couvrir toute la plaine. Ils ne vinrent pas nous inquiéter, pensant que les légions bouchaient la vallée, de sorte que la muraille fut réparée et consolidée. De Dorgba je reçus des renforts et j'eus sous la main plus de vingt mille et cinq mille hommes, et bien que les Némurions parussent innombrables, je ne doutai point de contenir leur ruée, à cause de la force de ma position.

Mon Seigneur, mon divin Frère, ce fut durant les jours qui suivirent la première bataille de Ruên que je reçus ta lettre, et ce fut le Gouverneur de Dorgba qui me la porta. Il arriva au lever de Thana avec une grosse escorte. J'élevai la lettre dans l'air, la montrai aux soldats, et leur joie se réverbéra au travers de la vallée comme le tonnerre. Tous se mirent à crier, à emboucher leurs buccins et leurs clairons, à marteler leur casque avec le pommeau de leur glaive. Moi je tremblais des pieds à la tête, parce que je voyais la fin de nos tribulations. Il y eut des applaudissements, des acclamations et les Dieux furent adorés. Les soldats allumèrent des bûchers triomphaux sur les hauteurs. Le bruit fut tel que les Némurions crurent que nous nous préparions à sortir et à les massacrer.

Ce bruit dura toute la nuit. Quand les uns étaient las de crier, les autres prenaient voix, et toujours il y avait ce martèlement du fer sur le fer et les boucliers résonnaient comme des cloches.

Mon Seigneur, mon divin Frère, dès que je le pus, je m'enfermai dans ma chambre, et je lus ta lettre, et la relus, et je considérai ta signature, et je relus ta lettre, et je lus aussi la lettre du Dioclétide Amon et je la relus, et ensuite je repris la tienne et je la relus, tantôt des yeux et tantôt à haute voix. Par la date je vis que tes légions étaient en marche depuis quatre jours déjà et que le moment de l ultime combat et de la délivrance était proche.

Comme ma joie avait été grande, l'abattement qui y succéda le fut aussi, parce que je voyais de nouveau approcher la Tête du Chacal et que j'étais saturé et sursaturé d'horreurs.

Il était évident qu'à mesure que tes légions approchaient, les Némurions allaient se trouver pris entre elles et les gens de Dorgba comme entre la Chimère et le Dragon et que, chassés par tes légions, ils allaient fatalement tenter de s'emparer de nos fortifications. Une bataille, mais cette fois une grande et une très grande bataille, se préparait.

Mon Seigneur, mon divin Frère, la pensée d'avoir de nouveau à verser le sang et de nouveau à affronter le Dieu violent m'accablait et je repoussais cette pensée. Dehors le tumulte continuait. Je me trouvai soudain comme un homme qui étouffe et qui n'en peut plus, et ce fut comme si je me fusse effondré du dedans.

J'élevai mon esprit vers l'Ourane, et je le suppliai de faire en sorte que cette bataille n'eût point lieu, mais l'Ourane ne répondit point. Au lever de Râ j'étais comme un enfant ou un vieillard il me sembla que toutes mes forces étaient épuisées et que je n'avais plus de ressource ni d'énergie.

Je voulus au moins tenter un dernier effort et, comme Râ montait vers son trône, je sortis de la vallée avec les hommes de Noreth, Prajna qui portait mon oriflamme et les Episcopes principaux de mon armée. Qu'il soit dit en passant que j'avais profité de l'autorité que me donnait ma victoire de Ruên pour écarter les gros propriétaires et nommer à l'Episcopat ceux d'entre les sacerdotes qui avaient fait preuve de magnanimité et d'initiative. Je leur avais fait donner des cuirasses et des casques rûmiens, afin de renforcer la conviction où étaient les Némurions que par des chemins connus des Dieux seuls les légions de Rûm étaient arrivées à Dorgba et que c'étaient elles qui tenaient l'entrée de la vallée.

J'allai me montrer aux Némurions, et c'était une belle journée, le printemps était dans l'air et il y avait déjà dans les arbres de petits points verts, et une fumée montait de la terre.

Plusieurs Princes parmi les Némurions, me reconnaissant à cause de mon casque et de ma cuirasse, vinrent à moi, et nous nous rapprochâmes les uns des autres, tandis que mes cavaliers veillaient à la hauteur de l'épaule rocheuse qui masquait l'entrée de la vallée pour intervenir en cas de besoin. Il y avait de la cavalerie némurionne derrière les Princes ennemis, à quelque distance.

Nous nous rapprochâmes encore et le plus âgé des Princes némurions poussa son cheval et vint seul audevant de moi, et moi aussi je poussai mon cheval, suivi toujours de Prajna qui portait mon oriflamme.

Ce Prince avait une peau de tigre sur les épaules et une cuirasse d'argent massif. Son crâne était rasé, et tel que de l ivoire poli. C'était un homme qui commençait à sentir le poids de la cuirasse.

Quand nous fûmes à portée de voix, il me dit : « Je

suis joyeux de te voir, grand Lucinide, parce que ton bras a nourri le corbeau et parce que tu as donné la chair de mon peuple au corbeau et que les Dieux rient d'aise en écoutant conter tes exploits. »

Je lui dis : « Puissant Seigneur, ce sont les Dieux qui décident de la fortune des armes et les hommes ne sont entre leurs mains que des jouets. Ainsi, je te prie de n'être point offensé par ce que je vais te dire, parce que je ne parle pas en mon nom personnel, mais ce sont les Dieux qui mettent ces paroles dans ma bouche, et c'est à regret et à contrecœur que je parle, car il n'est point de joie plus grande que celle du carnage et le cœur de l'homme frémit d'allégresse quand vient l'heure du combat. Mais voici, puissant Seigneur, que les Dieux se sont déclarés pour Rûm, et il n'y en a point un seul qui soit de ton côté, mais Is, Habolaune, l'Athénade, et Ma'ahmûd et tous les autres Dieux se sont rangés aux côtés de l'Empereur. Tu es avec tes frères dans les mâchoires du Dévoreur, parce que l'Empereur a donné le branle à ses légions et déjà tu sais par tes courriers qu'il approche et que dans deux jours il débouchera sur cette plaine. Il chassera tes peuples devant lui, parce que les Dieux sont à ses côtés et que leur force est dans son bras. Pour chaque Rûmien que tu juguleras, lui, avec l'aide des Dieux, il tuera cent Némurions. Et moi j'ai ici une puissante armée et une position inexpugnable et quand tes peuples viendront vers moi je les accablerai de mes flèches et je les exterminerai et les annihilerai, car telle est la volonté de l'Ourane et de tous les Dieux. Par Habolaune qui nous éclaire je jure que je dis la vérité. »

Le Prince némurion dit : « Oui, grand Lucinide, je vois par Habolaune qui nous éclaire que tu dis la vérité. »

Je dis : « Et voici ! Houênon aux belles cuisses s'est levée dans l'assemblée des Dieux, et elle est intervenue en faveur de tes peuples, et elle a dit que si tu déposais les armes, tu donnerais ainsi au Fils visible de l'Ourane qui est l'Empereur Hagamon de Rûm l'occasion de montrer sa clémence, qui est grande. Et voici que, parlant par ma bouche, les Dieux te disent : Dépose maintenant les armes, parce que ta vaillance est connue et que le bruit de tes exploits retentit dans tout l'univers. Cette guerre a été longue et terrible, et le corbeau est repu, et ton Roi lui-même est entre les mains de l'Empereur Hagamon. Si tu es un homme sage, tu iras vers le Fils visible de l'Ourane, tu lui donneras ta parole et tu lui donneras ton gant, et tes peuples vivront. »

Le Prince Némurion dit : « Tes paroles sont belles, grand Lucinide, mais je ne puis les recevoir. Car nous adorons Mag Hagoth le Dieu de violence qui est Mûrz, et ce Dieu ne se déclare jamais ni pour l'un ni pour l'autre, mais le carnage est son royaume et la vue du sang réjouit son cœur insatiable. Peu lui importe la veine dont le sang jaillit, et il ignore le nom du vainqueur aussi bien que du vaincu, mais il exulte dans le carnage. »

Je repris et répétai à peu près le discours que je lui avais déjà tenu, et lui, il répéta le sien. Il était inébranlable et aucun de mes arguments ne le touchait. Cette opiniâtreté mit fin à mon abattement, elle m'indigna et me révolta. Je me dis en moi-même : « Prajna a raison et ces Némurions ne sont ni des hommes ni des bêtes, mais ce sont des Génies de Satan et des Démons, il faut donc les exterminer et les annihiler. »

Comme je pensais cette pensée, je vis une lueur étrange passer dans le regard du Prince némurion et je fis reculer mon cheval d'un pas. Cet insensé tira son glaive, éperonna son cheval et me courut sus. Je tirai vivement le glaive de l'Abbé de Jautaham et je parai son coup.

Son cheval l'emporta, il tira sur les rênes, le fit tourner et me cria : « Grand Lucinide, il est dit que tu n'es point un homme, mais que l'esprit de Mijhel le saint Archange séjourne en toi. Mais moi, je vois devant moi un homme ordinaire et je vois une chair faite pour nourrir le corbeau. »

Alors il me courut sus de nouveau, je parai son coup et comme son cheval l'emportait j'abattis le pommeau de mon glaive sur son crâne. Sous mon coup l'os céda et craqua, et le Prince némurion chancela, mais il fit retourner son cheval et revint sur moi.

Comme le sang ruisselait de son front, il leva la main dans un geste instinctif pour essuyer ses yeux, et moi, qui tenais mon cheval étroitement freiné et presque immobile, je tranchai sa main d'un coup de glaive et je poussai mon glaive de façon que la taille s'enfonçât dans la chair du visage. Le Prince fut renversé sur la croupe de son cheval et traîné quelques pas. J'avançai et poussai la pointe de mon glaive dans sa gorge, qui était découverte.

Ce combat dura le temps d'un bâillement et quand il fut terminé une grande rumeur s'éleva des Némurions et je vis certains Princes qui poussaient leurs chevaux vers moi alors que d'autres au contraire reculaient. Les gens de Dorgba m'applaudissaient et m'acclamaient et mes cavaliers arrivaient au grand galop. Prajna était blanche et même ses lèvres étaient blanches. Elle saisit les rênes du Prince némurion, emmena son cheval vers notre camp au grand galop et le Prince, dont les pieds étaient pris dans les étriers, fut traîné dans la poussière. Toute notre troupe s'ébranla et nous rentrâmes au grand galop dans notre camp.

Je fis venir Prajna dans ma chambre. Nous étions installés dans une ferme, et la chambre dans laquelle nous couchions avait un carrelage rouge à demi défoncé et ses murs se lézardaient. Du plafond tombait parfois un bout de plâtre et l'on distinguait dans les crevasses du plafond des lattes de bois entre lesquelles il y avait un mélange de plâtre et de paille.

J'enlevai mes ceintures et je posai mes glaives sur la table. J'enlevai mon armure sur laquelle le sang du Prince némurion avait rejailli. Ma robe était pleine de sang et toute poisseuse et j'eus horreur du meurtre que j'avais commis et plus encore des hommes qui donnaient à cet acte un autre nom et qui l'appelaient un exploit.

Je dis à Prajna : « Voici ! Je hais la violence, et il ne se passe pas de jour sans que je mouille mes glaives dans les viscères d'un Némurion. »

Mon Seigneur, mon divin Frère, cela était vrai, car je ne puis tout te conter, et il y a des centaines d'événements petits et grands que je tais, afin de ne point trop te lasser, mais depuis que nous avions quitté les montagnes qui entourent Erembûrz-Datên, j'avais eu je ne sais combien d'occasions de me mesurer avec les Némurions et je ne t'ai conté que les principales rencontres.

Les Princes étaient nombreux parmi les Némurions qui étaient pleins de fatuité et qui, ayant entendu parler de moi, croyaient que leur grandeur les obligeait à se mesurer avec le Chevalier d'Or, et dans leur esprit imbécile s'était formée la pensée que s'ils parvenaient à me tuer leur nom serait exalté et grossi parmi leurs peuples.

A cet amour imbécile de la gloire se joignait la cupidité, à cause de ma cuirasse flamboyante et de mon glaive, et ils se disaient : « Si je tue le Chevalier d'Or, mon nom volera de bouche en bouche et il deviendra grand et radieux comme le bouclier de l'Athénade et les hommes seront stupéfaits. Et moi je mettrai la main sur cette cuirasse merveilleuse et je serai comme un Dieu. »

Ici, de plus, à Dorgba-Datên, les Némurions envoyaient journellement des reconnaissances qui essayaient de découvrir des sentiers dans les hauteurs dominant la vallée, et la plus grande partie de mes soldats patrouillaient continuellement dans ces hauteurs. Quand il y avait un engagement je me joignais aux soldats, parce que la plupart n'avaient point vu Mûrz face à face, et je menais les mains avec eux et les instruisais ainsi dans les arts de la mort.

Je dis à Prajna : « Enlève ton vêtement, afin que je contemple tes formes, car dans l'enfer où nous sommes j'oublie la beauté et tu es la seule chose belle en ces lieux et tu es auprès de moi comme Houênon elle-même. » Prajna enleva ses vêtements, elle alluma un feu et fit chauffer de l'eau, elle me lava et me baigna. Je lui dis : « Prajna, tu ne joues plus de ton luth. »

Et Prajna, qui m'aimait et qui voyait mon angoisse, prit son luth, mais au bout de quelques accords elle s'arrêta, parce que les mélodies qui venaient sous ses doigts étaient sombres et désespérées.

Elle dit : « Mon Seigneur, ces mélodies, nous les jouerons quand nos malheurs seront terminés, et quand nous voudrons nous ressouvenir de ces heures que voici. » Elle ajouta : « Mon Seigneur, dans quelques jours, cette guerre en ce qui te concerne et me concerne sera finie, et tu iras vers l'Empereur. »

Je dis : « Je crois que si demain je me trouve de nouveau dans le carnage, je n'aurai plus la force de mener les mains, et je resterai là, au milieu du carnage, et l'on me tuera, car je ne suis plus capable de tuer. »

Prajna dit : « Ce glaive que t'a donné l'Abbé de Jautaham est un glaive sacré, et il a été forgé par les Anges. Il sortira tout seul de son fourreau et dansera autour de toi, et les Némurions seront épouvantés et n'oseront approcher de toi. »

Le pis était que cela était déjà vrai, en un certain sens, parce que cette espèce de fable qui m'entourait ne cessait de grandir, de sorte que lorsque j'apparaissais dans le combat, les Némurions mollissaient et souvent se laissaient massacrer, étant convaincus que j'étais invincible et immortel. Et ce Prince némurion, s'il m'avait soudainement attaqué, comme je m'entretenais avec lui, c'était à cause de cette fable, et parce que son orgueil était enflammé à l'idée de juguler un homme au sujet de qui tant de merveilles étaient contées.

Et moi j'étais dans une stupeur et je considérais Prajna et ses formes plantureuses et cette espèce de vapeur dorée qu'elle avait sur les jambes, la nuque et dans le creux des aisselles.

Elle prit le glaive de l'Abbé de Jautaham qui était sur la table et voulut le tirer de son fourreau, mais elle ne le put. Je dis : « Il est collé par le sang, parce que je l'ai mis dans le fourreau tout gluant et j'ai oublié de le nettoyer. »

Elle me tendit le glaive, je le pris de ses mains et je tentai de le tirer du fourreau. Et voici ! La poignée seule me vint dans la main et le glaive était rompu.

Prajna dit : « Le glaive est rompu. » Des larmes jaillirent de mes yeux, car ceci était le signe annoncé par l'Abbé de Jautaham, et je sus que je ne toucherais plus aucune arme et que le Dieu de violence ne me voyait plus.

Mon Seigneur, mon divin Frère, il en fut comme l'avait annoncé l'Abbé de Jautaham, et après que ce glaive fut cassé je n'eus jamais plus occasion d'en manier un et je fus fait libre.

Après cela, je fus accablé de fatigue et je me couchai et je dormis.

Je fus enfoncé dans le sommeil comme si une main se fût appuyée sur ma tête et qu'elle m'y eût enfoncé, et je descendis, je descendis dans les ténèbres du sommeil. Ce fut aussi comme si j'eusse été tiré par les pieds, il y avait cette main sur ma tête qui me poussait, et cette autre main qui me tirait.

Il me sembla que je touchais le fond du sommeil et cette partie de son royaume qui communique avec le royaume de la mort.

Mon Dieu et mon Neter caché vint à moi, il ouvrit les yeux de mon âme, disant : « Ptah Hotep ! Ceci est ta monture. » Je vis le Phénix avec ses plumes d'or et d'argent et ses pattes couvertes d'écailles de bronze. Je l'enfourchai et le Phénix prit son vol et m'emporta dans les espaces oniriens.

Il m'emporta dans la région des vents, et ces vents étaient pareils à des fleuves ayant un visage humain qui volaient à travers les espaces en gémissant. Sans cesse ils tournaient et tournaient, formant des cercles et des spirales. Les uns montaient et les autres descendaient, et ensuite ils remontaient alors que les premiers redescendaient.

Ils avaient la bouche ouverte et le visage transparent. Derrière eux s'étirait un long et un très long fuseau qui ondulait et qui était plein de rumeurs et de sifflements.

Le Phénix ne fit que voler parmi ces vents et je vis comme des feuilles mortes prises dans la chevelure des vents et ces feuilles étaient des âmes.

Quand elles passaient près de moi je les entendais qui gémissaient et se lamentaient et les vents les emportaient en tourbillonnant et disparaissaient dans l'obscurité. Ensuite les vents tournaient et revenaient et je voyais leur visage transparent et leurs yeux de verre et leur bouche ouverte. Ils passaient avec les âmes prises dans leurs cheveux comme des feuilles mortes.

Je dormis deux jours et deux nuits, mais cela je ne le sus que plus tard. Durant mon sommeil il m'arrivait de penser à ce qui se passait sur la Terre et je disais : « Les Némurions ! » Je m'efforçais de m'éveiller, mais en vain, et sitôt que je m'efforçais la fatigue m'accablait davantage et elle mettait du plomb sur mes épaules et mes bras.

Enfin le Phénix me déposa. Il me sembla que j'étais au fond d'un étang et que je voyais très loin au-dessus de ma tête la surface de cet étang scintiller et miroiter dans la lumière. Je montais vers cette surface comme une bulle.

A mesure que je m'en approchais la lumière devenait plus vive et c'était comme une danse verte et dorée et il y avait au-dessus de ma tête comme des écharpes de lumière qui ondulaient.

J'ouvris les yeux et je vis le sage Nasroddîn assis à côté de mon lit et près de la fenêtre était Prajna dans sa robe verte, et les rayons de Râ jouaient sur ses cheveux et ses bras nus. Elle fourbissait et polissait mon armure, qui flamboyait dans les rayons de Râ et jetait des reflets au plafond.

Le sage Mullah Nasroddîn ne me dit pas tout de suite que j'avais dormi si longtemps et comme je pensais à la bataille qui se préparait je me hissai sur le coude pour sortir du lit, mais il me contraignit de demeurer étendu et me dit : « Ne te fais point de souci, mon fils, parce que j'ai une bonne et une très bonne nouvelle à t'apprendre et nos épreuves sont terminées. »

Prajna vint auprès de moi et m'embrassa. Elle avait trouvé de petites fleurs dans les champs qu'elle avait mises dans ses cheveux et je vis que je l'aimais.

Je tournai mes regards vers le sage Nasroddîn qui me sembla plein de malice et de gaieté et tel qu'un père qui regarde son fils. Il était ému, et moi aussi j'étais grandement ému. En même temps cette malice qu'il avait scintillait dans son regard et derrière cette malice il y avait cette grande force qui était en lui et cette majesté mystérieuse qui était cause que j'étais comme de la cire entre ses mains.

Je pouvais échanger avec lui des mots plaisants et rire, mais jamais je n'oubliais que cet homme était un serviteur de l'Ourane et que l'esprit de l'Ourane séjournait en lui.

C'était une chose étrange parce que d'une part je ne le craignais nullement et me tenais devant lui comme un fils devant son père et d'autre part j'avais le sentiment de me tenir devant le trône et sous le regard de l'Ourane et j'avais le sentiment d'être nu et sans défense.

Cette chose était d'autant plus étrange que d'apparence le Mullah était un homme comme les autres, avec une grosse moustache dont il aimait rouler la pointe entre les doigts, des dents usées et jaunies et un beau crâne pareil à un dôme.

Il me dit que tous les messagers que j'avais envoyés à l'Empereur étaient revenus et que le troisième n'était pas revenu seul, mais qu'il était revenu avec le Dioclétide Amon, de sorte que je pouvais me reposer, parce que la défense de Dorgba-Datên était entre de bonnes et de très bonnes mains.

Je fus réjoui, réconforté, et grandement soulagé par cette nouvelle, mais je ne fus pas particulièrement surpris, sachant que le Dioclétide Amon était entreprenant et audacieux, et j'avais pensé déjà qu'en apprenant que j'étais dans le pays il n'aurait point de cesse qu'il ne m'eût rejoint.

Je demandai à le voir, mais le sage Nasroddîn me dit que le Dioclétide avait fort à faire et sans doute ne viendrait à la ferme qu'au coucher de Râ. Ce fut alors que le sage Nasroddîn me dit que j'avais dormi si longtemps et je fus tout étonné de l'apprendre et je voulus me lever, mais il m'en empêcha. Et voyant que je désirais être seul avec Prajna, il s'en alla.

Prajna me dit : « Le sage Nasroddîn possède des pouvoirs mystérieux, parce qu'il a su que le glaive de l'Abbé de Jautaham s'était rompu, et comment il l'a su, je l'ignore. Il est arrivé ce même jour au lever de Thana, pendant que tu dormais, et quand je lui ai demandé comment il savait que le glaive s'était rompu, il m'a répondu que ce n'était point là une chose bien grande et bien merveilleuse, et que c'était la fille de Herm qui l'avait fait arriver à ce moment-là, mais moi je n'ai point été la dupe de ce mensonge. »

Prajna vint dans mon lit et s'allongea à mes côtés, elle me demanda : « Mon Seigneur, ne me trouves-tu point trop laide ? » Je lui dis : « Prajna, tu es comme toutes les femmes pleine de ruse et de coquetterie et tu te nourris de compliments. » Elle me dit : « Mon Seigneur, j'aimerais être belle de visage afin de te plaire. » Je l'étreignis, et je mis ma main sur son ventre, elle rit et me donna un baiser vif sur la bouche, je la pris dans mes bras et nous fûmes tels que deux panthères dans la forêt.

Ensuite je me levai, et je mis ma dalmatique brune, je sortis de la ferme pendant que Prajna préparait les victuailles.

Les hommes de Noreth qui étaient campés à un jet de pierre me virent et m'acclamèrent, et d'autres soldats vinrent et frappèrent leur casque avec le pommeau de leur glaive en m'acclamant, et je vis que dans la vallée et sur les pentes il y avait toute mon armée qui était campée, et tout un mouvement et une circulation, et sur la route il y avait des chariots qui arrivaient, des cavaliers qui allaient et venaient, des ânes, des chameaux et des mules lourdement chargés, et je vis qu'il y avait des pommiers qui commençaient à fleurir.

Une troupe de cavaliers approcha et je distinguai à leur tête le Dioclétide Amon vêtu à la façon d'un Episcope rûmien avec une cape écarlate et un casque orné de plumes blanches.

Les acclamations redoublèrent et quand le Dioclétide Amon descendit de son cheval et m'embrassa, il y eut un grand tumulte dans tout le camp et les soldats accoururent de toutes parts. Le Dioclétide Amon leva la main et dit en me montrant : « Voici le sauveur et le libérateur de votre patrie. » Tous poussèrent des cris de joie et il y eut une grande clameur dans toute la vallée.

Le Dioclétide Amon avait forci et il s'était élargi, il avait maintenant un cou puissant et une poitrine profonde. Quand je pensai à notre querelle il me parut que c'était une chose petite, lointaine et sans conséquence.

Je le fis entrer dans la ferme, et Prajna nous apporta à manger, le Dioclétide me conta ses aventures et je lui contai les miennes. Il me dit : « Ces hommes qui sont là te regardent comme un Dieu et dans tout le pays il n'est question que de tes exploits, et ce dernier combat que tu as livré a mis le comble à ta gloire, parce que tu as tué l'un des principaux chefs des Némurions, et maintenant les Némurions te craignent plus que l'Empereur lui-même. »

Je dis au Dioclétide qu'en ce qui me concernait la guerre était terminée et que je lui remettais le commandement de l'armée de Dorgba.

Il me dit : « Vraiment, Ptah Hotep, je ne te comprendrai jamais. Je suis ton plus ancien ami, et nous avons été ensemble durant six années dans la Grande Ecole, et nous avons voyagé ensemble de la Ville-Libre jusqu'à l'Ombliane. Et si la moitié des merveilles qu'on raconte à ton sujet est vraie, tu as fait de grandes et de très grandes choses, et pourtant je ne te comprends pas et je ne te comprendrai jamais. » Je vis que cela était vrai et ne répondis point.

Lorsque le sage Nasroddîn nous rejoignit, je lui dis : « Maintenant, je remets le commandement de l'armée à mon compagnon, qui est plus grand homme de guerre que moi, et qui a été fait Antipréfet par l'Empereur. Et c'est lui qui portera mon armure. »

Le sage Nasroddîn dit : « Non, cela ne se peut pas. Tu peux remettre le commandement à ce Seigneur, parce que je vois qu'il connaît mieux que toi le maniement des hommes. Mais quant à cette armure, tu ne peux l'en revêtir, parce qu'elle est la propriété des ermites. » J'insistai, mais le sage Nasroddîn fronça les sourcils et dit : « Non, cela ne se peut. »

Or Râ se couchait, et l'on attendait d'un instant à l'autre que les légions fissent leur apparition à l'autre bout de la plaine et le Dioclétide nous quitta pour voir ce qu'il en était.

Quand nous fûmes seuls, le sage Nasroddîn me dit : « Mon fils, dans toutes les choses qui touchent à l'Ourane il y a du vrai et du faux, parce que les voies de l'Ourane sont étranges, et jamais un homme ne peut les connaître entièrement, mais chaque fois que tu fais un pas sur le chemin de la connaissance, tu fais aussi un pas sur le chemin de l'ignorance, parce que tu vois toujours plus clairement que tu ne connais ni ne peux connaître les voies de l'Ourane. Or, mon fils, cette grande rumeur qui t'entoure et ces fables qui courent de bouche en bouche, certes elles ne sont point vraies. Tu es le fils de ta mère et si l'on te blesse le sang jaillit et tu n'es ni invincible ni immortel. Et pourtant, mon fils, ces fables ne sont point fausses, parce que nous avons traversé tout le pays des Némurions et il ne nous est rien arrivé, et si tu veux bien penser aux périls que nous avons affrontés et traversés, tu verras que sans la protection divine notre voyage eût été impossible. »

Je dis : « Auguste Seigneur, mon père Nasroddîn, il n'y a point eu de miracle ni de prodige, et il se trouve que les Némurions auxquels j'ai personnellement eu affaire ne connaissaient point aussi bien que moi le maniement des armes, et c'étaient des hommes sans ruse ni prudence, et mes maîtres m'ont appris à dominer l'ivresse du carnage, de sorte que ces hommes se sont jetés sur mon glaive. »

Le sage Nasroddîn dit : « Mon fils, dès que tu es venu dans la vallée, nous avons su, nous autres ermites, que le temps de la solitude et du silence touchait à sa fin. Nous l'avons su parce que le premier chef de notre ermitage avait prophétisé ta venue et que sa prophétie s'était transmise à travers les années et les siècles. Nous savions qu'un chevalier devait venir, mené par l'Ourane, et que nous devions le revêtir , lorsque le moment serait venu, de ce casque et de cette cuirasse que dans ton ignorance tu veux remettre au Dioclétide Amon et que ce chevalier aurait un glaive forgé par les Anges et nous mènerait et nous conduirait vers nos frères. Cette armure que tu veux remettre à ton compagnon, elle a été portée par le Caliphe Soliman qui a bâti le Temple de l'Ourane dans Solyme, et l'or dont elle est faite est celui dont les murs sont faits de la salle qui est dans le Temple où séjourne la majesté de l'Ourane. »

Le sage Nasroddîn eut son sourire malicieux et il poursuivit : « Je t'ai dit, quand nous avons quitté l'ermitage, le matin de notre départ, que je te donnais un rôle à jouer, et c'en était un, mon fils, et ce n'en était pas un. Il en est ainsi parce que tout ce qui se conte au sujet de l'Ourane est à la fois vrai et faux. Si tu es un homme impie, tu peux considérer le voyage que nous avons fait, et prendre chacun des événements dont il se compose et les expliquer par des raisons humaines. Tu peux dire que nous avons été favorisés par la fille de Herm, et aussi que nous avons été prudents et avisés, et aussi que les fables qui couraient sur toi nous ont grandement servis. Ainsi tu obtiendras un récit qui satisfera ton intelligence, et qui te paraîtra vraisemblable et donc vrai. Mais si tu es un homme sage, tu verras que ton récit vraisemblable est plein de trous, qu'il est comme un vêtement mangé par les mites, et que tu n'as été ni plus fort que les uns, ni plus rusé que les autres, mais que, véritablement, tu as été guidé, secouru et protégé par des puissances célestes. Et tu n'en tireras aucun orgueil, mais tu te prosterneras devant l'Ourane, et tu lui rendras grâces. Tu reconnaîtras que sa majesté est terrible et que son mystère est insondable, et tu t'abaisseras et t'humilieras devant l'Ourane. »

Mon Seigneur, mon divin Frère, les journées suivantes ne font point partie de mon histoire particulière, mais de celle de l'Empire, et ceux qui veulent connaître dans le détail le déroulement de ce qui a été appelé la victoire de Natenborg, victoire à laquelle a donné son nom la plaine sur laquelle débouche la vallée de Dorgba, peuvent consulter les historiens.

Cette victoire fut en réalité une succession de batailles grandes et petites et un enchevêtrement de sanglantes rencontres, parmi lesquelles l'une des plus glorieuses fut la seconde victoire de Ruên.

Il me paraît nécessaire d'insister sur le rôle tenu dans cette affaire par le Dioclétide Amon, bien que ce rôle te soit connu et que tu aies accordé un triomphe à mon compagnon à la suite de cette victoire , parce que ce récit, ainsi que tu me l'as dit, est destiné avant tout à tes fils et a pour objet de me faire connaître d'eux.

Dans toutes les chroniques qu'il m'est arrivé de lire il m'a paru que mon propre rôle a été grossi et exagéré, alors que celui de mon compagnon le Dioclétide n'a pas été suffisamment mis en relief et éclairé.

Il m'a semblé que les auteurs de ces chroniques ont voulu te plaire en attribuant à celui que tu as honoré de ta grâce toutes sortes d'exploits , alors que seules peuvent vraiment te plaire l'équité et la justice, et que ces récits fallacieux n'ont aucune chance de t'agréer à cause de leur exagération et de leur fatuité.

En ce qui concerne le Dioclétide Amon, ce fut lui qui, devinant l'état de confusion, d'effroi et de désespoir dans lequel se trouvaient les Némurions massés à l'entrée de la vallée de Dorgba, prit l'initiative de les attaquer, bien que les Némurions eussent un grand et un très grand avantage par le nombre.

Ce fut également le Dioclétide qui eut le commandement dans cette bataille, et qui, grâce à l'habileté de ses dispositions, la sûreté de son jugement, la rapidité de ses manœuvres, bouleversa, écrasa et tailla en pièces cette grande masse de Némurions, alors qu'il n'avait sous la main que trente mille hommes, dont la grande majorité voyait le carnage pour la première fois.

Quant à moi, je ne fis que me montrer, parler aux soldats et les accompagner, et si j'eus un rôle quelconque, ce fut celui d'un homme de peine, car je me contentai de porter l'armure du Caliphe Soliman et bien que cette armure fût en or, et que cet or fût saint, elle ne faisait point sur les épaules un effet différent de celui qu'eût fait une armure ordinaire, et ce n'était qu'une carapace en laquelle on suait.

Ainsi, c'est au Dioclétide Amon et à lui seul que

doit être attribuée la seconde victoire de Ruên et c'est une erreur ou un mensonge que d'écrire ainsi que le fait Niger dans son *Histoire :* « Cette bataille fut gagnée par le Roi de Sichel, alors Proconsul de Dorgba, avec le concours de l'Antipréfet Amon Dioclétide, premier parent du grand Prince de Thèbes. »

Il faut ajouter, pour être juste, que lors de cette bataille les Némurions étaient dans une situation effroyable, que seuls les plus enragés d'entre eux songeaient encore à se battre, alors que les autres avaient perdu tout espoir et voyaient de tous côtés le désastre fondre sur eux.

Le pis fut que, la dissension s'étant mise dans le gros des armées némurionnes, environ cent mille d'entre eux avaient déjà décidé de se rendre et de venir embrasser tes genoux, ils avaient élevé des remparts de terre autour de leur campement, non pour se défendre contre toi, mais contre leurs propres frères, et quand les Némurions culbutés par l'Antipréfet et chassés devant lui se présentèrent devant ces remparts, ils furent accueillis par leurs propres frères avec des huées et des quolibets, on ne leur permit pas de pénétrer dans ces remparts pour se mettre à l'abri de la fureur des gens de Dorgba, mais on les couvrit de flèches et ils furent égorgés à la vue de ces remparts.

Mon Seigneur, mon divin Frère, il était vrai que depuis l'arrivée de mon compagnon le Dioclétide, mes propres tribulations étaient terminées et que j'étais devenu moins un acteur qu'un spectateur.

Cependant les jours succédaient aux jours et les

massacres aux massacres et je ne voyais pas arriver la capitulation et la fin de la guerre.

Toute la plaine était couverte de morts et de mourants et une odeur abominable pendait sur le champ de bataille. Pourtant il y avait toujours une importante armée némurionne qui demeurait en campagne et s'interposait entre les légions et Dorgba. On pouvait croire que les Némurions dans leur folie allaient se battre jusqu'au dernier homme et que la guerre allait se terminer par leur complète annihilation.

Tant d'opiniâtreté soulevait une certaine admiration, bien que cette opiniâtreté prît racine dans la rage et la stupidité, et le spectacle de cette vaillance inutile me plongeait dans l'indignation et l'épouvante, parce que si l'on faisait abstraction des cent mille Némurions qui avaient abandonné la partie et qui demeuraient dans leurs remparts en attendant la fin des combats, il y avait encore plus de trois cent mille ennemis serrés entre mon armée et les légions rûmiennes.

Cette grande masse d'hommes semblait destinée à être broyée et écrasée et exterminée, et il me paraissait insensé et sacrilège de permettre à cet événement de se produire sans au moins essayer une dernière fois de ramener les Némurions à la raison.

Mon Seigneur, mon divin Frère, je le répète, j'étais indigné et épouvanté, et c'est dans cette indignation et cette épouvante qu'on doit chercher les causes de l'initiative que je pris alors et qui a fait couler tant d'encre.

Mais aussi, pour comprendre pourquoi je pris cette décision, il importe de se rappeler toutes ces fables qui couraient sur mon compte, fables qui ne cessaient de grandir et de se multiplier, et auxquelles les Némurions n'accordaient pas moins de crédit que les gens de Dorgba, ainsi qu'en témoignaient les captifs et aussi certains incidents qui se déroulaient dans les combats, car il arrivait que les Némurions jetassent leurs armes et se rendissent au seul vu de mon armure.

Enfin le discours du sage Nasroddîn m'avait frappé, et il me parut que mon intervention était nécessaire et attendue, et qu'en agissant comme je me proposais de le faire j'accomplissais la volonté de l'Ourane. Ce fut cette croyance qui me détermina.

On lit dans les chroniques que je me suis dirigé seul vers les armées rûmiennes en traversant toute l'armée némurionne, ce qui donne à penser que j'étais ivre, ou possédé par une témérité voisine de la folie. Cette façon de présenter les événements donne à ceux-ci un caractère prodigieux, il est vrai, et frappe les esprits, mais ce n'est point ainsi que la chose se passa.

Au début, mon intention était seulement d'avancer dans la plaine comme je l'avais déjà fait lors de ma précédente tentative, de m'adresser aux Princes némurions et de les supplier de déposer les armes au nom de l'Ourane et de tous les Dieux.

Mais quand j'arrivai sur la plaine, escorté comme la fois précédente par Prajna qui portait mon oriflamme et par les hommes de Noreth qui formaient ma garde personnelle, suivi à quelque distance par les deux mille cavaliers qui constituaient présentement notre cavalerie, il arriva ceci, que les Némurions se trouvaient assemblés à une certaine distance de la vallée, de sorte que je dus avancer assez loin dans la plaine avant qu'ils me vissent et que leurs Princes, me reconnaissant, vinssent à ma rencontre.

Râ montait vers son trône, et l'odeur était très forte et révoltante, et sur toute la plaine on voyait des cadavres, tantôt isolés, tantôt groupés, tantôt frais et tantôt décomposés. La plaine était tachée de noir par la trace des feux des campements. Il y avait ici et là des monceaux d'ordures qui brûlaient, et des chariots défoncés, des tentes abattues, des armes éparses, et il y avait des corbeaux partout qui fouillaient les viscères, se battaient, criaillaient, et parfois une troupe nouvelle de corbeaux arrivait, ou bien toute une troupe prenait soudain son vol et l'on eût dit une énorme et pesante flèche noire qui s'élevait du sol et s'abattait un peu plus loin.

Il y avait des quantités de chiens aussi qui erraient sur la plaine et qui avaient formé des meutes et couraient de-ci de-là en proie à une sorte de folie en aboyant. D'autres chiens gavés et repus somnolaient parmi les charognes et partout il y avait des chevaux morts et des monceaux de carcasses entassées bizarrement.

La plaine ondulait, et certaines éminences étaient plus hautes que les autres et permettaient de voir plus loin, et toute l'herbe était piétinée et partout il y avait des traces de sabots.

J'arrivai enfin sur une éminence assez élevée, et j'avais sur ma gauche les remparts des Némurions qui avaient décidé de se rendre et sur ma droite en avançant le gros de l'ennemi.

Quand j'arrivai sur cette éminence, j'eus comme un éblouissement, parce que les légions étaient visibles au loin, et formaient comme un grand carré à environ deux douls de l'endroit où je me trouvais. On distinguait des points rouges qui étaient les étendards de Rûm et des étincelles qui étaient le reflet de Râ sur les casques des soldats. Il y avait là un grand silence et sur la terre, malgré toutes les allées et venues des chevaux, il y avait quelques petites fleurs qui s'ouvraient.

Je ne pus m'empêcher de penser : « Voici ! Les légions sont à deux douls, et il ne me faudrait pour atteindre le campement impérial que le quart d'une heure. » Prajna étendit le bras et dit : « Mon Seigneur, ce sont les légions. » Et l'un des hommes de Noreth dit : « Elles sont à deux douls. »

Cependant les Princes némurions avançaient, ils étaient une centaine et quand ils arrivèrent au pied de cette éminence sur laquelle je me trouvais, ils s'arrêtèrent et seuls dix parmi les principaux continuèrent à avancer.

Quand ils furent à la portée de voix, ils s'arrêtèrent et leur Ancien poussa encore son cheval et me dit : « Grand Lucinide, je te salue et je suis joyeux de te voir, car tu es chéri des Dieux, et ton bras est puissant, et je vois que l'esprit de Mijhel séjourne en toi. »

C'était un homme venu dans les ans, et trop âgé pour supporter le poids de la cuirasse. Il portait un vêtement de feutre sur lequel étaient fixés de petits cercles de fer. Sa chevelure était très abondante et pareille à de la filasse, et son visage était couvert de cicatrices autant que de rides. L'une de ses paupières était gonflée et comme meurtrie et son œil valide était profondément enfoncé sous l'arcade et très vif, avec de petits mouvements rapides, et sa moustache était longue et pendait jusque sur sa poitrine.

Je ne lui répondis pas, parce que la vue du camp rûmien m'avait troublé, et que je ne trouvais point mes mots. Il me dit : « Grand Lucinide, tu as tué mon fils de ta main, et tu as réjoui le cœur du Dévoreur en l'abreuvant du sang de mon fils et tu as nourri de sa chair le corbeau. J'ai vu cela de mes yeux, et je me suis réjoui, parce que la mort de mon fils a été glorieuse, et que les hommes sont rares qui reçoivent la mort ainsi, et dont les jours sont tranchés par le glaive d'un Immortel. »

Je compris que le fils de ce vieux Prince était ce Némurion qui m'avait assailli au cours de l'entretien que j'ai conté plus haut. Je dis : « Père, ton fils était un homme vaillant, et je suis troublé devant ta face, parce que tu l'as vu périr, et c'est moi qui l'ai tué. Mais telle était la volonté de l'Ourane. »

Il dit : « Sa mort a été glorieuse, et je me suis réjoui, et je me réjouis en ce moment parce que je te vois. »

Je pensai : « Cet homme est un imbécile, et le voici de son petit œil qui m'observe avec admiration et presque avec tendresse, moi le meurtrier de son fils. » Je l'amusai de belles paroles, auxquelles il répondit par des paroles plus belles encore, parce que les Némurions ont un langage fleuri, et ce sont de grands alchimistes dans leurs discours, parce que les actions les plus viles, quand leur bouche s'en empare, deviennent prouesses, exploits, merveilles et prodiges.

Tout en amusant le vieux Prince, j'observais les autres. Beaucoup étaient blessés et mal en point, et tous étaient fatigués, sales et dépenaillés.

Leurs chevaux étaient crottés, et j'observai que ces Princes, qui étaient les plus grands parmi les Némurions, étaient presque tous montés sur des chevaux de mauvais poil, et qu'il n'y en avait presque aucun qui n'eût quelque défaut voyant, ce qui signifiait qu'ils étaient à bout de ressource, obligés de se satisfaire de bêtes de second et de troisième ordre, parce que toute leur superbe cavalerie avait été tuée.

Tout en échangeant avec le vieux Prince des discours riches en mots et en images, et tout en exaltant la vaillance des Némurions, leur magnificence et leur gloire, je pensais : « Ces Princes qui nous écoutent, ils sont venus nombreux, et j'ai sous les yeux tous les chefs des Némurions ou peu s'en faut. Ce vieillard avec lequel je m'entretiens est fait de ses paroles et il n'a point de réalité, mais si tous ces Princes sont venus, ce n'est pas seulement pour me voir, mais ils sont travaillés et dévorés par la crainte, et ils voient venir leur extermination et celle de leurs peuples. »

Mon cheval alors, qui avait allongé le cou et flairait l'herbe, fit quelques pas, ce qui me rapprocha des Némurions, de sorte qu'ils purent entendre plus clairement ce que je disais et que moi, de mon côté, je pus mieux les voir et plus distinctement.

Je pensai : « Ces Princes sont dans la stupeur et l'hébétude, et chacun en son for est rongé et dévoré par la crainte, mais il fronce les sourcils et prend une mine farouche parce qu'il croit qu'il est le seul à trembler, et chacun dissimule son effroi parce qu'il ignore que les autres le partagent, et croit qu'il est le seul à éprouver ce qu'il éprouve. »

Mon cheval fit encore quelques pas et le vieux Prince dut pour continuer à me parler faire avancer le sien. Il se rangea à mon côté, et nous nous trouvâmes au bas de la pente, flanc contre flanc, et faisant face aux autres Princes.

Le cheval du vieux Prince allongea lui aussi le cou et se mit à paître, comme le mien, et la chaleur augmentait, et le silence était grand. Il n'y avait dans le ciel que ces petits nuages tout frisés et transparents qui sont comme l'écume du lait et qu'on appelle les robes des Anges.

Je pensai : « Il n'y a point parmi ces Princes un homme énergique et audacieux, mais tous sentent l'haleine d'Ounêbo sur leurs vertèbres et ils sont glacés et accablés par l'effroi et la fatigue, et s'il se trouvait parmi eux un homme énergique et audacieux, il verrait que je suis seul et que rien ne serait plus facile que de m'envelopper et de me tuer. Or il n'en est pas un qui ait cette pensée, mais tous me prennent pour un Immortel et croient que si je me hasarde comme je le fais, c'est parce que je suis invulnérable et parce que l'esprit de Mijhel le saint Archange séjourne en moi. »

Du camp des Némurions beaucoup d'hommes étaient sortis, et des femmes et des enfants pour assister à cet entretien. Les hommes avaient les mains nues, et certains restaient à l'entrée du camp, mais certains approchaient afin de nous voir. Parmi les Princes, il en était qui baissaient le front, d'autres qui mordillaient leur moustache et la mâchonnaient, et d'autres qui me contemplaient fixement comme si j'eusse été une vision.

Je pensai : « Voici ! L'orgueil de ces hommes est comme le couvercle d'un chaudron, et la crainte est en eux comme de l'eau qui bout, agite et soulève le couvercle. »

Voyant cela, j'élevai la voix, afin que tous pussent entendre, et je fis un long discours dans lequel je fis un éloge emphatique et très fleuri des Némurions et dans lequel je dis que cette guerre avait mis un comble à leur gloire, que leurs exploits avaient charmé et ravi les Dieux, et dans ce discours j'insinuai petit à petit avec toutes sortes de précautions que la guerre maintenant était terminée, et que son objet avait été atteint, qui était de montrer à l'univers la grandeur des Némurions, et que tel était le but et l'objet de la guerre, et comme il avait été atteint, rien ne s'opposait plus à ce que les Némurions entreprissent des négociations avec toi afin de ramener la paix.

Ce discours entra lentement et très lentement dans la tête du vieux Prince et quand il me comprit il devint tout gris et me dit : « Grand Lucinide, tu sais que nous ne capitulons point et que dans toute notre histoire il n'y a point d'exemple que les Némurions aient jamais remis leur gant et leur parole à l'ennemi. Lorsque les Dieux ne nous donnent point la victoire, voici ! nous massacrons nos enfants et nos femmes, et nous retournons nos glaives sur nous-mêmes. Nous nous égorgeons les uns les autres et dans le désastre le dernier combat que livre un Némurion est celui qu'il livre contre son propre frère et quand il l'a tué, il retourne son glaive contre lui-même. Tels sont, grand Lucinide, les usages et les coutumes de nos peuples. Tu sais cela et tu ne peux nous demander ce que tu nous demandes, et c'est un affront que tu nous fais en nous tenant ce langage, et tu vois que nous ne pouvons recevoir tes paroles. »

Je voyais surtout que le vieux Prince était un imbécile, et que son unique souci était de rester fidèle aux usages et coutumes grotesques de ses peuples, mais que les autres Princes prêtaient une oreille attentive à mes discours et que ces discours les frappaient, parce que je ne disais point : « Vous êtes vaincus », mais « Vous êtes grands » et que je ne leur parlais point de capitulation, mais de négociation, comme s'ils eussent été les égaux des Rûmiens et qu'ils eussent eu la liberté de faire un choix et de traiter avec toi comme un homme vigoureux traite avec un autre homme vigoureux, et il n'y a point de honte ni d'humiliation à le faire, parce qu'il n'y a point de vainqueur, point de vaincu.

Je me trouvais tout près des Némurions et dans un grand péril. Prajna cria : « Mon Seigneur, reviens ! » Mais j'élevai la voix et je dis : « Princes et Seigneurs, vos lois vous commandent de périr plutôt que de remettre votre gant et de donner votre parole à un homme. Mais à l'Ourane vous pouvez vous soumettre, parce que devant le trône de l'Ourane les Dieux eux-mêmes ploient le genou. Or je ne vous parle pas au nom de l'Empereur Hagamon de Rûm, je vous parle au nom de l'Ourane. »

Prajna, voyant le grand et le très grand péril dans lequel j'étais, descendit la pente et vint ranger son cheval à ma gauche, et elle éleva mon oriflamme. Le vieux Prince était sur ma droite, le sang se retirait de ses joues et quand j'eus parlé il voulut se dresser sur ses étriers, mais il eut une faiblesse et retomba sur sa selle. Il dit : « Grand Lucinide, tu vois qu'Ounêbo ronge déjà ma carcasse, et je suis un vieillard. »

Je poussai mon cheval et les Princes s'écartèrent devant moi. La brise apportait une rumeur, qui venait du camp des Némurions, et dans cette rumeur il n'y avait pas de paroles distinctes, mais c'était comme ce que dit un homme qui rêve et dont les lèvres remuent à peine, de sorte qu'on entend sa voix, mais qu'on ne peut saisir les mots.

Je pensai : « Ces Princes ont le cerveau rigide et leur esprit est comme de la corne, et ils sont dans une situation que leurs usages et leurs coutumes n'ont pas prévue, de sorte qu'ils sont déconcertés et effrayés, parce que chaque geste qu'ils font et chaque pensée qu'ils forment est toujours une imitation, et ils ne savent que faire quand ils n'ont point de conseil et de guide. »

Mon Seigneur, mon divin Frère, cela était vrai. Prajna était cramoisie, et j'entendais le souffle du vieux Prince aller et venir. Aucun des Némurions ne paraissait voir que j'étais dans leurs mains, mais ils étaient inertes, et l'on eût dit qu'ils n'avaient plus de force dans leurs bras.

Je répétai mon discours, en insistant sur la gloire des Némurions, sur le fait que les Dieux eux-mêmes ploient le genou devant l'Ourane, et il y eut comme un flottement. Quant à moi, il y avait dans mon esprit une chaleur étrange et il me semblait que je chevauchais parmi des ombres, et pourtant chaque détail que je regardais avait une netteté et une saillie singulières, et je voyais le moindre pli des vêtements, et chaque poil des chevaux, il n'y avait pas un mouvement ou un geste qui m'échappât.

Le vieux Prince posa la main sur la corne de ma selle et dit : « Grand Lucinide, ne va pas plus loin. »

Alors j'emprisonnai sa main sous la mienne et il

craignit que je ne le fisse tomber de son cheval, et il se laissa faire, sentant que je le tenais solidement, et moi je gardai sa main sous la mienne.

Ce fut là l'une de ces choses plaisantes que l'Ourane mêle à tout ce qu'il fait, parce que le vieux Prince craignit de se couvrir de honte en tombant de cheval devant tous ses peuples et il sentit que je le tenais de telle sorte que si son cheval eût fait un écart c'en eût été fait de sa dignité.

Quant aux autres, comme j'avançais toujours, ce même souci de dignité les obligeait à tourner leurs chevaux et à m'accompagner parce que, faute de guide et de conseil, ils se raccrochaient à la seule personne qui paraissait savoir ce qu'il convenait de faire, et c'étaient des hommes qui n'avaient jamais pensé par eux-mêmes, mais qui avaient toujours obéi aveuglément aux idées imbéciles qui constituaient leurs usages et leurs coutumes, de sorte qu'ils étaient incapables de faire face à une situation inattendue. Et que pouvaient-ils faire ? Mon Seigneur, mon divin Frère, l'honneur leur interdisait de m'assaillir, parce que l'inégalité était trop grande, et parce que ces hommes qui torturaient des enfants, éventraient des femmes et empalaient des vieillards, sitôt qu'ils avaient affaire à un chevalier, étaient pleins de scrupules et de façons tatillonnes, et ils appelaient ces scrupules et ces façons leur code de l'honneur.

L'idée ne leur venait pas de venir dans mon dos et de m'attaquer par-derrière, ni de m'attaquer à cent contre un, précisément parce que l'inégalité était trop grande. Ainsi leur propre imbécillité me défendait et me protégeait.

Dans le camp des Némurions la rumeur ne cessait de croître et comme nous avancions, je voyais du coin de l'œil que des centaines et des milliers de Némurions sortaient du camp et nous observaient bouche bée.

Je sentais que beaucoup de Princes némurions avaient été ébranlés par mes discours, ou plutôt que ces discours avaient fait se relâcher l'étreinte de leur orgueil et que c'était comme si des doigts puissants qui les eussent étranglés eussent soudain relâché leur étreinte.

Ils se disaient : « Non, il n'y a point de honte à se soumettre à l'Ourane. » Abandonnés par leur orgueil, ils voyaient plus clairement que du pas dans lequel ils se trouvaient il n'y avait aucun moyen de se tirer, hormis la capitulation, et ils se prenaient à aimer leur vie et à se dire : « Pourquoi périr, alors qu'on peut vivre ? » Et ces Princes sentaient le désir de vivre monter en eux comme une soif ardente, et ils tenaient les yeux baissés, de crainte de se trahir, et ce désir de vivre les enivrait et ils serraient avec force la bride de leur cheval.

Il y avait aussi beaucoup de Princes qui ne pensaient rien du tout et qui avaient l'esprit vacant et qui étaient dans l'hébétude, ils avaient les yeux fixes et ce qui arrivait était pour eux comme un rêve.

Ces Princes étaient accoutumés à faire ce qu'on leur commandait de faire, et l'important pour eux était d'avoir toujours un chef, et peu leur faisait que ce chef fût un Némurion ou un Rûmien, et ils se tournaient vers moi pour prendre mes ordres comme auparavant ils s'étaient tournés vers leur Ancien, ce vieux Prince dont je tenais la main sous la mienne.

Mon Seigneur, mon divin Frère, il y avait aussi beaucoup de Princes qui avaient songé en secret à la capitulation, mais sans savoir comment s'y prendre pour convaincre les autres, et sans oser ouvertement leur dire : « Cette guerre est perdue », parce que ce mot de capitulation était devant eux comme une montagne. Or moi je ne parlais pas de capitulation mais de négociation et d'armistice. Je remplaçais les mots offensants par des mots que l'orgueil pouvait entendre sans frémir.

De sorte que, mon Seigneur, mon divin Frère, si l'on examine de près cette fameuse chevauchée et cette traversée du camp némurion qui a tant fait couler d'encre, on voit que ce n'est pas malgré les apparences une chose aussi grande et aussi merveilleuse qu'on l'a dit et que je n'ai rien fait qu'un autre se trouvant dans ma position n'eût pu faire.

Comme nous avancions toujours, les Némurions qui étaient sortis du camp nous voyaient clairement et ils approchaient, les mains nues et la bouche bée. Il en était qui disaient : « Le Chevalier d'Or ! » et d'autres : « Saint Mijhel Archange ! » et d'autres : « Le Proconsul ! »

Soudain il y eut un homme qui cria : « La clémence de l'Empereur ! » Ce cri fut repris par plusieurs autres et brusquement il enfla comme un feu que le vent fouette et il y eut des centaines de voix d'hommes et de femmes pour crier : « La clémence de l'Empereur ! » Et il y eut des gens parmi les Némurions qui se mirent à applaudir et à acclamer leurs Princes, pensant qu'il existait entre eux et moi un accord explicite et voyant la fin de leurs tribulations, de sorte que ce grand désastre devenait comme une victoire et était accueilli comme un triomphe, et il y eut une explosion de joie parmi les Némurions et ce n'étaient plus des centaines, mais des milliers de voix qui criaient : « La clémence de l'Empereur ! »

Il y avait maintenant à peine un doul entre le camp rûmien et moi, et nous étions arrivés à l'espace vide qui séparait tes légions du camp des Némurions.

De même que beaucoup de Némurions étaient sortis de leurs tentes, beaucoup de Rûmiens étaient sortis des leurs, et je voyais distinctement les remparts et les fossés qui entouraient leur camp, et la clôture de piquets qui surmontait les remparts, et les étendards et les drapeaux qui surmontaient les tentes.

Je vis que lors même que les Princes eussent voulu rebrousser chemin, il était trop tard. Des hommes sans armes et les pieds nus couraient vers le camp rûmien et la clameur et l'agitation ne cessaient de croître parmi les Némurions.

Je dis : « Princes et Seigneurs, vous entendez la voix de vos peuples. » Et je lâchai la main du vieux Prince.

Du camp rûmien sortit un escadron commandé par un Episcope à la cape bleue, et c'était un escadron de lanciers à la cuirasse d'airain. Deux des Princes némurions tirèrent leur glaive, mais comme les autres demeuraient inertes, ils les remirent dans leur fourreau. Prajna était toujours cramoisie et des larmes roulaient sur ses joues.

Comme les Rûmiens se mettaient au galop, le vieux Prince enleva son gant et me le tendit, disant : « A toi, grand Lucinide, je remets mon gant, et à toi je donne ma parole, parce que je vois que tu es un Dieu et le Messager de l'Ourane. » Il éleva la voix, et il dit : « Je ne me soumets pas à un homme, mais à la volonté de l'Ourane. » Parmi les Princes une dizaine enlevèrent leur gant et me le tendirent et répétèrent la parole de leur Ancien.

L'escadron se divisa et enveloppa notre troupe et l'Episcope suivi de deux sacerdotes vint à moi. C'était un homme jeune, qui avait une allure semblable à celle du Dioclétide Amon, et il était comme un linge, et ses yeux lui sortaient des orbites.

Il freina son cheval avec tant de brutalité que celui-ci se cabra et s'ébroua. Quand il l'eut dominé, il avait des plaques rouges sur les joues. Il me dit : « Au nom de l'Empereur Hagamon, je salue Sa Lumière le Duc de Ham et Son Equité Ptah Hotep, fils de Ptah Lucinius le Victorieux et le Chéri du Ciel. » Il me pria de le suivre et nous entrâmes au grand galop dans le camp.

Mon Seigneur, mon divin Frère, une petite déception se mêla à ma grande joie, parce que tu n'étais point avec les légions, et parce que tu étais parti pour Athènes.

Je fus présenté au Pontife qui commandait les légions que tu avais envoyées au secours de Dorgba, et c'était le Gouverneur de la Gaule, Pompée de Dijon. Il m'accueillit sous le nom de Duc de Ham et de Proconsul de Dorgba-Datên, et me fit asseoir à ses côtés pour recevoir la capitulation.

Mon Seigneur, mon divin Frère, je dois ici ajouter que j'avais laissé les hommes de Noreth au milieu de la plaine, et qu'ils n'avaient osé me suivre. Quand ils me virent au milieu des Princes némurions ils me crurent perdu et envoyèrent l'un des leurs vers Dorgba avec cette nouvelle. Et quand ils virent que j'étais sain et sauf, ils envoyèrent un second messager, mais il était trop tard, et déjà la nouvelle de ma mort se propageait à travers l'armée de Dorgba.

Mon Seigneur, mon divin Frère, cette fausse nouvelle eut une conséquence monstrueuse, car plusieurs soldats, l'apprenant, se donnèrent la mort. De sorte qu'il y eut même dans cet instant de notre victoire des taches de sang qui se répandirent pour la souiller sur cette étrange et merveilleuse journée.

J'arrive au terme et à la conclusion du présent récit, et ce n'est pas sans inquiétude que je considère cette grande liasse de feuilles que j'ai noircies, parce que je me suis mis tout entier dans ce livre, de sorte que, lorsque je le parcours et le feuillette, il me semble que je suis de quelque façon sorti de moi, et que mon âme n'est plus dans mon corps, mais qu'elle a été prise dans ce filet de mots et livrée au regard d'autrui. Et voici que je suis exposé au jugement des hommes comme je serai exposé après ma mort à celui de l'Ourane.

Mon Seigneur, mon divin Frère, tu étais à Athènes quand tu appris la capitulation des Némurions dans la plaine de Natenborg et sitôt que tu appris cette nouvelle, tu envoyas un courrier vers le Pontife, qui était Pompée de Dijon, le Gouverneur de la Gaule, et tu me donnas l'ordre de venir me présenter devant toi.

Je fis avertir les saints ermites et, sitôt que furent terminées les diverses cérémonies et fêtes par lesquelles les gens de Dorgba célébrèrent leur délivrance, je pris congé du Dioclétide Amon et nous nous mîmes en marche, avec une escorte de mille cavaliers rûmiens, parce que j'étais devenu un important personnage et que je ne pouvais plus me déplacer désormais sans qu'il y eût autour de moi un grand remuement et beaucoup de Seigneurs dorés et chamarrés galopant de tous côtés en faisant grand bruit.

Chaque fois que nous approchions d'une ville ou d'un village, tout le peuple se portait à notre rencontre avec des étendards, des instruments de musique et des offrandes, et il fallait écouter la harangue des Municipes, recevoir la bénédiction de l'Imam, faire des discours, visiter le Temple et la Citadelle, bref se conduire à la façon d'un homme public.

J'avais un grand carrosse qui était un véritable palais roulant, et quantité de serviteurs, et il me semblait parfois que je n'étais plus un homme, mais une de ces statues qu'on promène dans les processions. Il me semblait aussi parfois que j'étais dans une sorte de cage et comme un animal étrange exposé à la curiosité des hommes et que j'avais perdu ma liberté.

Prajna n'était plus simplement ma femme, mais elle était une grande Princesse, elle était la Duchesse de Ham et l'épouse du Proconsul de Dorgba.

Nous avancions parmi les peuples vêtus et parés comme des idoles, ce qui, je dois le dire, amusait fort le sage Nasroddîn, bien que ses ermites et lui fussent aussi les objets de la curiosité universelle et qu'ils fussent considérés par les gens comme des personnages non moins merveilleux que Prajna et que moi.

Quand cela était possible, je faisais monter le sage Nasroddîn dans mon carrosse et nous nous entretenions comme nous l'avions toujours fait.

Le sage Nasroddîn disait : « Mon fils, si tu étais demeuré dans la Terre de Ham, et que ton père fût mort de mort naturelle, tu serais présentement le Duc de Ham et ta situation ne serait pas très différente de ce qu'elle est, parce que tu serais l'un des grands et des très grands Seigneurs de ton pays, et tu aurais des charges et des honneurs. De sorte qu'en un certain sens il ne t'est rien arrivé et toutes les aventures que tu as eues depuis la mort de ton père sont comme un rêve. »

Je répondais : « Mon auguste Seigneur, mon père Nasroddîn, cela est vrai, mais voici que Prajna est à mes côtés, et toi tu es là qui me parles, et maintenant je connais les hommes, et je suis loin de ma patrie. »

Parfois j'étais accablé par mes souvenirs, et je revoyais dans mon esprit mille choses, lieux, gens, événements, et c'était comme un grand poids confus et fantastique qui tombait sur moi, et je voyais les rues de Hagaptah, la maison de la belle Aset, Aset, la maison de mon père et la caverne de la Vieille-Aux-Herbes, Tii, le Fort Vespasien, Sorcade, les captifs du Fort Vespasien, le Dieu-Qui-Sait, et ces brigands qui nous avaient assaillis dans les marais de l'Iscandriane. Puis je me souvenais du vénérable Zihara-Daq Hini, de Nezamh, des Mercenaires et de la rixe qui avait eu lieu dans le Grand Temple des Rûmiens, du Quartier des Oiseaux-et-Dames, et de mille et mille événements petits et grands. Je pensais au Temple de l'Ourane qui est dans Solyme, au Temple du Trône Iridescent, au Temple de la Volupté Universelle, à la Face Radieuse, à la pluie et la boue de Thûg-Norqâa, au vénérable Ramag-Dorg Hini, à Prajna telle que je l'avais vue parmi les esclaves, à Luctudonum, au sage Omar Ibn Zarûqqâ, à la sainte vallée, à l'ermitage, aux montagnes, au village de Noreth, et à toutes les rencontres qui avaient eu lieu depuis que nous étions descendus dans la plaine.

Parfois j'étais émerveillé et parfois j'étais confondu et abattu, et je passais des heures dans un songe. Mais Prajna prenait son luth, et elle en jouait, et de ses doigts s'échappaient des mélodies pareilles à ces Anges qui habitent les Châteaux de Diamant et dont le corps est fait de sons délicieux.

Nous descendions vers le Sud et nous arrivions à cette partie de la Nouvelle-Illyrie que traverse l'Ornière du Char de Habolaune.

La terre était grasse et la brise qui venait du Sud apportait la chaleur et le parfum des fleurs. Hélas, partout les Némurions avaient laissé une forte empreinte sur le pays, et bien que nous fussions sur une Route Royale, on voyait partout les traces de l'oppression et du malheur, ruines, déserts, forêts, misère et maladie.

Dans la guerre, les hommes attendent et espèrent la victoire, et leur pensée ne va point au-delà. Mais je voyais avec tristesse que pour changer l'état de choses dans lequel se trouvait cette grande et belle Province, il faudrait de grands efforts et de longues années, et je voyais que certaines marques de l'invasion némurionne étaient permanentes et que le souvenir de l'oppression était comme gravé dans le sol.

En premier lieu, il y avait les Némurions eux-mêmes, et ces Némurions établis depuis des siècles parmi les Illyriens avaient contaminé les autochtones si, de leur côté, les Illyriens leur avaient inculqué quelques rudiments de civilité.

Les principales villes n'étaient plus que des décombres et l'on croyait voir, parmi les arbres gigantesques qui avaient poussé partout, des spectres de pierre, car c'était ainsi que les décombres apparaissaient parmi la végétation et les brumes. On voyait soudain surgir des tours et des murailles toutes bruissantes de feuillages et d'insectes et comme inondées et submergées de lianes et de fleurs, et c'étaient comme des géants écroulés dont on distinguait vaguement à travers les broussailles le front ou la main.

Mêlés à ces ruines, il y avait des villages frustes, quelques prés, des champs tant bien que mal cultivés. Puis on arrivait à un château avec son bourg resserré à son pied, et l'on voyait partout des visages qui n'étaient ni némurions ni illyriens, mais sur lesquels les deux races se mélangeaient et se fondaient ensemble pour former une race nouvelle.

Ce fut durant cette partie de notre voyage que nous vîmes les Fontaines de Brutus IV et cette Maison de Délices que cet Empereur avait construite durant les Siècles Heureux pour honorer la Reine Dalila. De toutes ces merveilles il ne restait qu'un escalier de marbre rose couvert et recouvert de mousse et de lierre.

Quand nous eûmes franchi l'Ornière, comme la puissance de Râ était grande, je retrouvai quelque chose du monde dans lequel j'avais passé mon enfance et ma jeunesse, parce que les nuits étaient telles que des opales dans la lumière de Thana aux longues jambes et de l'Athénade au bouclier vivant, et les hommes de cette région veillaient durant la nuit et dormaient durant le jour.

Et durant l'un de ces jours, comme je dormais, il me sembla que le sage Nasroddîn se tenait au pied de mon lit et m'appelait. Je sortis avec lui de ma tente, et voici ! j'étais dans un pays que je ne connaissais point et c'était un beau pays plein de douceur, de petites rivières, de vergers, de bosquets et de champs. On distinguait dans la verdure des maisons gracieuses, de petits Temples sur les hauteurs et des castels aux toits pointus et aux murs chargés de roses.

Le sage Nasroddîn me dit : « Tu es dans le Royaume de Sichel, qui est appelé aussi le Beau Royaume. »

Je ne fus pas étonné, car je dormais, et dans les rêves on ne connaît pas l'étonnement, mais les événements les plus extraordinaires paraissent normaux et naturels.

Le sage Nasroddîn me dit : « Mon fils, c'est dans ce Royaume que l'Empereur Hagamon a été élevé, et tu lui plairas grandement, et il te confiera des charges importantes. Et, mon fils, bien que l'Empereur soit plus âgé que toi de vingt ans, il y a entre lui et toi un lien mystérieux, et quand tu auras fait un certain nombre de choses qu'il te commandera, voici ! il créera pour toi un titre nouveau, et tu seras comme son Frère, et il te donnera le Beau Royaume. »

Quand il eut achevé de parler, il poussa une petite porte, et nous entrâmes dans un jardin plein de lys, de roses et de jasmins, et il y avait là des saules, des cyprès et des bananiers, des pins et des sycomores, et il y avait là une maison très jolie dont toutes les fenêtres étaient ouvertes, et l'on entendait rire des enfants et des femmes.

Un vieillard vint à notre rencontre, qui portait une robe blanche et une calotte blanche, et sa barbe était longue et blanche. Il salua le sage Nasroddîn et me salua, et c'était le précepteur de l'Empereur Hagamon.

Il nous conduisit vers un petit pavillon de soie qui était dans le jardin. Nous nous assîmes dans ce pavillon, le vieillard fit un signe, et le pavillon s'éleva dans les airs.

Or au milieu du Royaume de Sichel il y a une montagne dont les flancs sont presque verticaux, de sorte que nul ne peut les gravir, le sommet de cette montagne est si élevé qu'il disparaît dans les vapeurs, et cette montagne est toute bleue et pareille à un pain de sucre.

Le pavillon s'éleva dans les airs et je me souvins d'un songe que j'avais fait dans la caverne de la Vieille-Aux-Herbes, et voici ! le sage Nasroddîn me faisait revoir les mêmes lieux et je les reconnaissais.

Le pavillon se posa au sommet de la montagne, et il y avait là une grande assemblée, et elle était composée de saints et de sages. Les uns paraissaient assoupis et les autres conversaient ensemble. Parmi ces saints et ces sages il y avait un homme qui dormait et qui était vêtu à la façon d'un Empereur de Rûm. Quand je te vis dans la chair, mon Seigneur, mon divin Frère, tu avais les traits et la physionomie de cet homme.

Il y avait là aussi l'Abbé du Vide et la Face Radieuse, qui vinrent au-devant de nous en riant et l'Abbesse m'embrassa comme si j'eusse été son fils, et je vis que le sage Nasroddîn les connaissait et qu'eux aussi le connaissaient.

Le sage Nasroddîn me dit : « Ceux que tu vois qui dorment sont ceux d'entre nous qui ne savent point que leur esprit vient séjourner ici, porté sur les ailes du Phénix, et quand ils ouvrent leurs yeux de chair ils ne se souviennent plus de ce qui leur est arrivé durant leur sommeil, mais ils sont pleins d'une mystérieuse allégresse. Et toi, l'Empereur te donnera le Royaume de Sichel, et tu sauras que cette montagne est sainte et tu comprendras que tu es le gardien de cette montagne. »

Après que je me fus entretenu avec ces saints et ces sages, je me prosternai devant la Face Radieuse et je lui baisai les pieds. Quand je relevai la tête, je vis qu'elle était jeune et belle comme Houênon, et je rentrai avec le sage Nasroddîn et ton précepteur dans le pavillon de soie, qui nous déposa à l'entrée de ma tente. Et voici que j'ouvris mes yeux de chair, et Thana était sur l'horizon comme une mangue.

Mon Seigneur, mon divin Frère, nous arrivâmes à Athènes deux nuits plus tard, durant la Fête des deux Jagonthides Nerg et Navien le Magnifique. Les saints ermites de cette ville vinrent au-devant de nous pour accueillir leurs frères de Zahra et moi je fus conduit avec Prajna vers toi.

Ton château était sur une hauteur de laquelle on distinguait sur la gauche le détroit de Bérénice et sur la droite la Mer Occidentale. Ce château avait été bâti à l'époque de Charlemagne mais, depuis, on avait bâti sur les remparts un palais de marbre vert avec des dômes de cuivre, et ces dômes étaient beaux comme les seins de Houênon. C'était là que tu résidais au milieu de ta cour.

Je fus mené vers toi par le Suprême Consul Artemagne, qui m'accueillit à l'entrée du château, et toi tu m'attendais devant ton palais.

Mon Seigneur, mon divin Frère, il n'y avait plus entre toi et moi qu'un chemin très court, et ce chemin, chaque pas que je faisais le rendait plus court encore, mais il me semblait que je n'arriverais jamais au bout de ce chemin. Prajna, voyant mon trouble, me serra la main, et je me tournai vers elle, et elle me sourit, et je sus que mes peines étaient terminées.

Sa Puissance le Suprême Consul poussa une porte, et je vis une allée, bordée de baquets de bois où étaient plantés des orangers de Carthage. Au bout de cette allée il y avait des marches et sur ces marches se tenaient les Grands Episcopes de ta Garde, et ils avaient le glaive à la main. Et tu étais là, au sommet de cet escalier. Alors je gravis ces marches, et je te vis, et tu me vis. Thana aux longues jambes montrait le profil de son bouclier, et l'Athénade au bouclier vivant triomphait dans le milieu du ciel.